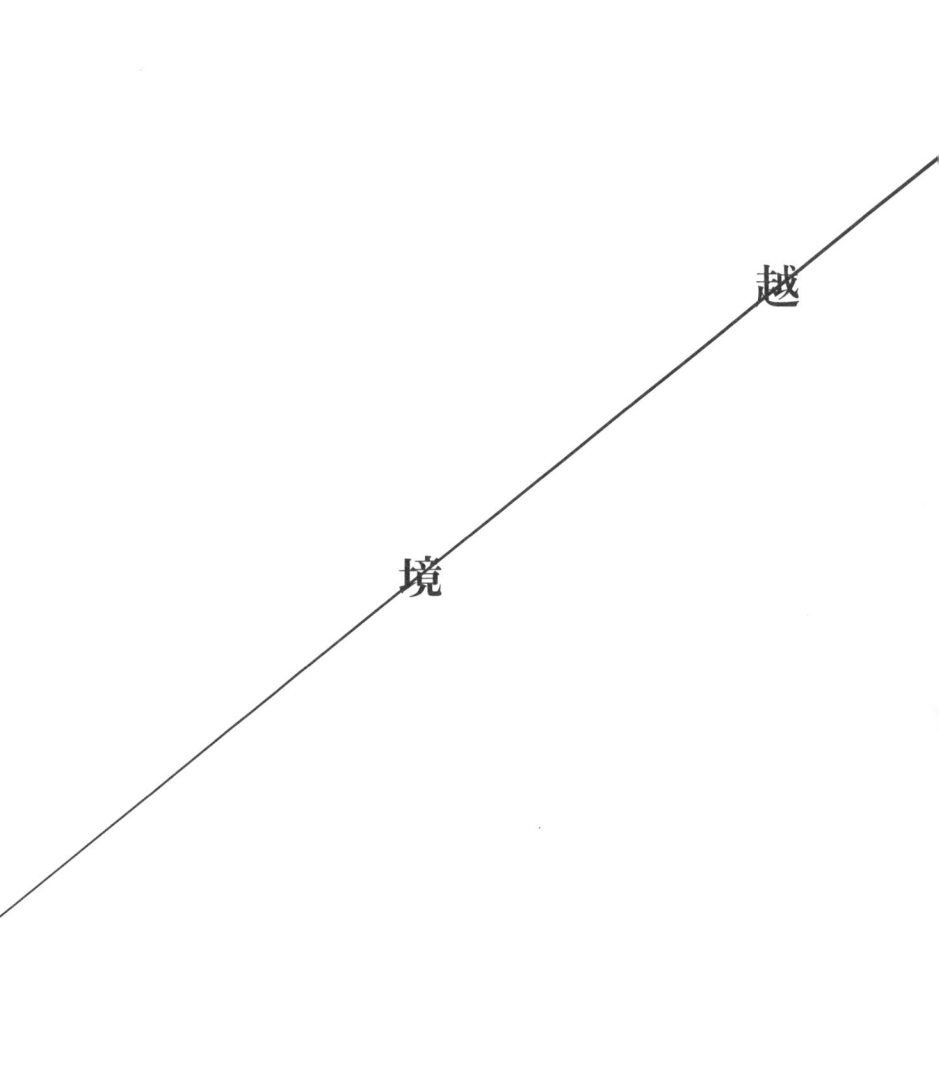

越境

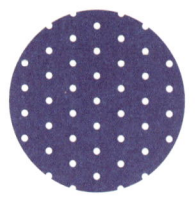

별도의 표시가 없는 한 교육공동체 벗이 생산한 저작물은 크리에이티브 커먼즈
[저작자표시-비영리-변경금지 4.0 국제 라이선스]에 따라 이용하실 수 있습니다.
http://creativecommons.org/licenses/by-nc-nd/4.0

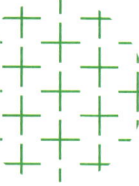

월경(越境)
- 경계를 넘어 새로운 지도를 그리다

ⓒ 리조 외, 2020

2020년 5월 18일 처음 펴냄

글쓴이 | 리조, 박푸른들, 강민진, 조소담, 민재희, 홍아, 화경, 소정, 서새롬, 김소연
기획·편집 | 이진주, 이경은
출판자문위원 | 이상대, 박진환
디자인 | 이수정, 박대성
제작 | 세종 PNP

펴낸이 | 김기언
펴낸곳 | 교육공동체 벗
이사장 | 심수환
사무국 | 최승훈, 이진주, 이경은, 설원민, 김기언, 공현
출판등록 | 제2011-000022호(2011년 1월 14일)
주소 | (03971) 서울시 마포구 성미산로1길 30 2층
전화 | 02-332-0712
전송 | 0505-115-0712
홈페이지 | communebut.com
카페 | cafe.daum.net/communebut

ISBN 978-89-6880-132-7 03300

이 도서의 국립중앙도서관 출판예정도서목록(CIP)은 서지정보유통지원시스템
홈페이지(seoji.nl.go.kr)와 국가자료종합목록 구축시스템(kolis-net.nl.go.kr)에서
이용하실 수 있습니다. (CIP제어번호 : CIP2020018508)

월경

경계를 넘어 새로운 지도를 그리다

리조 + 박푸른들 + 강민진 + 조소담 + 민재희
+ 홍아 + 화경 + 소정 + 서새롬 + 김소연

교육공동체벗

책을 펴내며　6

추천의 글 | 조한혜정　8

사람을 살리는 일
- 사람의 치유를 향한 몸과 움직임교육
리조 | 움직임교육연구소 '변화의월담'
16

어느덧 나는 다시 농민이 되고 싶어졌다
- 논밭 한가운데 작은 상점
박푸른들 | 논밭상점
42

당신은 나를 싫어할지 모르지만,
나는 당신에게도 더 나은 세상을 만들 것입니다
- 학교로부터 도망쳐 나온 뒤, 세상을 바꾸기로 결심했다
강민진(쥬리) | 정의당 대변인
66

사람을 움직이는 메시지의 힘
- '자격' 없는 이들이 만든 미디어 스타트업 창업기
조소담 | 닷페이스
88

무모하고 아름답게 나선을 나아갑니다
- 지금 여기에서, 기술로 만나는 새롭고 다정한 세계
민재희(세모) | 여기공협동조합, 의성군이웃사촌지원센터
120

저도 누군가에게 좋은 '어른'이 되고 싶어졌습니다
- 씩씩이에게

홍아 | 소풍가는 고양이

148

노래하는 미장이
- 나는 장인이 될 수 있을까

화경 | 크리킨디센터 미장공방, 브라질 음악 팀 페스테자

168

나를 지키면서 남을 돕는 사람이 되고 싶습니다
- 페미니즘을 동력 삼아 꿈을 그려 나가기

소정 | 성평등플랫폼, 탱고 추는 사람

194

사랑과 우정의 약한 연대기
- 다큐멘터리를 통해 기록하다, 기억하다

서새롬 | 〈기억의 전쟁〉 프로듀서

218

나살림, 서로살림, 지구살림
- 살림이스트, 대안학교 교사의 삶

김소연 | 볍씨학교

240

책을 펴내며

나이와 젠더의 경계를 넘어
새로운 세상의 지도를 그리다

- 나를 가꾸고 사회를 바꾸는 청년 여성들의 이야기

한국 사회에서 청년 여성은, 사회적·경제적 약자인 동시에 젠더 위계에서 하위에 위치하는, 이중의 굴레 속에서 살아간다. 하지만 한편으로 이들은 더 나은 삶과 사회를 만들고자 분투하는 주체이기도 하다. 이 책의 저자들은 '청년 여성'이라는 단일한 정체성으로는 드러나지 않는 다양한 삶의 결을 통해 오늘날 우리 사회에서 청년이자 여성으로 살아가는 것은 어떠한지를 보여 준다.

이미지로 소비되거나 대상화된 청년 여성의 탈을 벗기고 본 이들의 삶은 어떠할까.

젠더, 나이 등의 사회적 장벽을 넘어 '몸'을 회복하는 움직임교육이라는 낯선 영역을 창조해 나가고(리조), 농촌이라는 가부장성 강한 사회에서 여성 동료들과 연대하며 새로운 문화를 만들어 가기도 한다(박푸른들). 청소년인권운동을 하며 정치권을 대상으로 맞서 싸우던 입장에서 벗어나 스스로가 정당 정치의 주체가 되는가 하면(강민진), 미디어의 개념을 해체하고 재조립해 직접 이정표를 만들어 나가는 이도 있다(조소담). 여성주의적 관점에서 기술에 대한 논의를 재구성하고 기술을 공통분모로 여성 작업자들의 연대를 만들어 내기도 한다(민재희). 비진학 청년들을 위한 자립 공간에서 성장하며 스스로가 좋은 어른의 꿈을 키워 가는가 하면(홍아), 삶의 전환을 위한 방편으로 적정기술을 고민하며 미장의 세계에 빠져 이제 제법 장인의 '오라'를 발산하기도 한다(화경). 베트남전쟁을 다룬 다큐멘터리 작업을 통해 여성의 눈으로 역사를 바라보고, 여성 작업자 연대를 통한 우정의 서사를 만드는 이도 있다(서새롬). 탱고를 만나면서 자신의 몸을 긍정하게 되고 여성주의를 고리로 일과 동료를 만들어 나가는가 하면(소정), 아이들을 만나는 대안학교 교사로서 기후 비상사태인 현실을 외면할 수 없어 행동하며 나, 서로, 지구를 살리는 살림이스트의 지향을 품게 되기도 한다(김소연).

이들의 이야기에는 연대와 환대, 그리고 공유의 감각이 공통적으로 깃들어 있다. 나를 가꾸는 일이 결국 사회를 바꾸는, 이들의 실험과 도전의 스토리는 대안적인 삶과 진로에 대한 아이디어와 영감도 제공해 준다. 나이와 젠더의 경계를 넘어 새로운 세상의 지도를 그리는 청년 여성들의 이야기로 초대한다.

2020년 5월
편집부

추천의 글

아름다운 청년,
세상을 살다/살리다

조한혜정
문화인류학자, 또하나의문화 동인, 할머니 서당 훈장,
지구인, 한국말을 하는 국민, 마을 주민

인류의 역사, 특히 사냥꾼의 역사를 3분 37초 안에 탁월하게 그려 낸 애니메이션이 있다. 스티브 컷츠$^{Steve\ Cutts}$가 2012년 12월 21일에 올린 〈Man〉은 4천만 이상이 본 동영상인데, 한 남자 사람이 딱정벌레를 밟아 죽이고 손을 들어 "앗싸" 하는 장면에서 시작한다.* 계속 길을 가면서 그는 뱀을 잡아 가죽 구두를 만들

---

* Steve Cutts(2012), 〈Man〉. www.youtube.com/watch?v=WfGMYdalClU 코로나19 사태 이후 스티브 컷츠는 〈Man 2020〉이라는 제목으로 사람이 자가 격리를 하자 모든 생명체들이 나타나는 애니메이션도 발표했다. www.youtube.com/watch?v=DaFRheiGED0

어 신고 닭을 잡아 '켄터키 프라이드 치킨'으로 튀겨 먹고 양의 다리를 분질러 뜯는다. 좀 더 세련된 모습으로 총을 들고 나타난 그는 물개를 잡아 외투를 만들어 입고 박제 장식을 위해 표범을 죽이고 코끼리 사냥으로 얻은 상아로 피아노 키보드를 만들어 연주하는 고상한 교양인이 되기도 한다. 종이 생산으로 우거진 삼림이 사라지고, 콘크리트 빌딩 숲이 들어선 도시는 밤낮없이 전기를 돌린다. 거대한 축산 농장과 유전자 조작 농산물 공장이 곳곳에 들어서고 온갖 종류의 생체 실험이 자행되면서 생태계는 급격히 파괴된다. 쓰레기 더미가 되어 버린 지구 꼭대기로 올라간 이 남자 사람은 그 어떤 것에도 아랑곳하지 않고 늠름하게 걸어가 왕관을 쓰고 왕좌에 앉아 시가를 피운다. 우주선을 타고 지구에 도착한 눈이 한 개, 세 개 달린 외계인들이 그를 기이하게 보다가 왕좌에서 끌어내 밟아 버린다. "Welcome!"이라는 팻말을 남기고 그들은 쓰레기 더미 지구를 떠난다.

이 동영상은 공상이 아니라 현실이다. 눈이 하나, 그리고 셋 달린 외계인은 오지 않았지만 대신 온갖 바이러스들이 출현하고 기후 재앙으로 홍수와 가뭄, 산불이 수시로 일어나 인간들에게 경고를 내리고 있다. 이대로 가서는 안 된다고. 남자만이 아니라 여자들까지도 사냥꾼으로 만들어 버리고 있는 이 파괴적 역사의 끝은 어디일까? 짙어지는 죽임/죽음의 시간을 살림/생명의 시간으로 전환해 내는 것은 가능할까? 내가 이 암울한 인류사의 이야기를 서두에 꺼낸 이유는 이 책에 실린 청년 여성들의 글을 읽으면서 살림의 빛을 보았기 때문이다. 새 문명을 만들어 낼 살림의 몸짓, 진화의 새 단계를 만들어 낼 돌연변이의 잉태 가능성 말이다.

2020년 신종 코로나 바이러스의 창궐로 전 인류가 비상에 걸렸다. 스스로 거리 두기를 하며 자가 격리를 시작하자 야생 동물들이 도심으로 나타나기 시작했다고 한다. 나는 이 기이한 상황에서 침몰하는 타이타닉호를 본다. 서로 살겠다고 아우성치는 사람들, 평화롭게 죽어 가겠다고 갑판에서 바이올린을 켜는 사람들, 그 속에서도 사랑을 나누는 사람들이 있다. 이것이 인류가 처한 상황이다. 이런 침몰을 일찍이 감지하여 '헬(조선)'을 말하던 대한민국 청년들은 갑자기 이 나라가 '위대하고 자랑스러운 나라'로 부상하고 있는 상황에 당황하고 또 감격해한다. 서구 선진 자본주의 제국들이 어이없이 무너지는 가운데서 그나마 제대로 방역을 하고 있는 나라에 사는 것에 내해 자부심을 느끼기 시작한 것이다.

군사주의와 기술 제일주의에 바탕을 둔 서구 자본주의는 19세기와 20세기 초 '벨 에포크(가장 아름다운 시대)'를 찍은 후 제1,

2차 세계대전을 겪으며 몰락의 길로 접어들었다. 여성을 억압하고 생명과 평화를 무시하며 제국주의적 확장을 통해 꽃을 피운 서구 근대 문명은 전후 신생국(미국)의 등장으로 또 한 번의 꽃을 피우는 듯했지만 사실상은 '조직화된 폭력'의 시대를 유지하며 몰락을 앞당기고 있다. 일찍이 타자의 몸과 영혼을 지배하는 제국주의가 자본주의의 핵심 모순이라고 지적한 로자 룩셈부르크가 1919년에 살해당하지 않았다면 상황은 조금 나아졌을까?

어제는 절대 권력에 대항해 죽음을 걸고 '미투'를 한 이야기가 담긴 《김지은입니다》를 읽었다. 그리고 오늘은 이 책에서 그 다음 세대, 본격적인 전환을 이루어 내는 여성, 청년들을 만난다.

'농사짓는 페미니스트' 박푸른들. 그는 자신이 '애정'하는 아빠와 동네 사람들의 삶이 덜 불행하길 바라는 마음에서 농업을 선택했다고 한다. 농부들이 애써 키운 자식 같은 농작물을 버려야 하고 제대로 생산비를 건지지 못하는 그런 세상을 바꾸고 싶었던 것이다. 초보 농사꾼이자 장사꾼이면서 그림쟁이이고 작가이고 편집자인 푸른들은 일제 강점기 때 사람을 키우겠다고 만든 충남 홍성 풀무학교 동네 덕분에, 그리고 '애정하는 사람들'을 위하는 마음을 살리고 있어서 아름다운 세상을 만들어 갈 것이다.

오스트리아 빈에서 중학교를 다닌 리조. 귀국해서도 입시 경쟁에서 생존해 SKY대에 입학한 행운아다. 세계의 명문 미국 버클리 소재 캘리포니아 대학에 교환 학생으로 있으면서 실리콘밸리에까지 진출해서 2년간 인턴 생활을 했다. 대단한 사냥꾼이 될 수 있는 자질과 운을 가진 경우다. 잠 안 자고 일하는 세계의 브레인들과 새벽을 맞으며 춤을 추었던 그는 '하산'한다. '신들이 사는 곳'이 지속 가능하지 않은 세상임을 온몸으로 알게 된 그가 돌아와 머물기로 한 곳은 몸을 이야기하며 만난 동료들의 곁이다. 몸을 억누르고 몰아붙이는 세상에서, 몸의 돌봄과 놀이를 함께 회복하는 동료들이 있어 한국을 떠나지 않고 있다. 파쿠르, 댄스, 태극권 등 다양한 신체 수련을 활용하여 몸을 살리는 '움직임교육'으로 많은 사람들을 살리고 있다. 참고로 북유럽에서는 경쟁적 집단 체육을 지양하고 파쿠르와 요가, 암벽 등반 등을 학교 체육의 재료로 쓰고 있다고 한다.

〈미스핏츠〉라는 제목의 잡지를 동료들과 함께 펴낸 조소담. "이 세상에 맞추지 않겠어. 내게 어울리는 세상을 만들 거야"라며 그녀는 온라인 세대에 의한 온라인 세대를 위한 잡지를 창간한다. 그의 등장을 보면서 나는 알아차렸다. 신인류가 나타나고 있다는 것을! 이 책을 통해 나는 그 신인류의 출현이 꽉 끼는 교복의 단추를 풀라고 한 교사에게 사과를 받고 싶은 마음에서부터 싹이 텄다는 것을 알게 되었다. '자신이 납득할 수 있는 세상에 살기'로 결심을 하고 자퇴한 그는 그 교사 '덕분'에 자신에게 적합한 환경을 선택하면서 동료들을 만들고 자율적 삶을 살아가고 있다. 분노나 부당함에 대한 인식을 갖지 못하게 하는 이 고도 관리 사회에서 그런 분노를 갖게 한 그 선생님은 혹 하늘에서 날아온 '천사'가 아닐까? 스스로 '자격'을 만들고 일을 만들고 자리를 만드는 그녀는 AI 시대의 에이스이고 살림의 감각을 가지고 움직이는 사람이다.

좋은 어른을 만나 좋은 어른이 되고 싶어졌다는, 도시락 가게 소풍가는 고양이의 홍아, 크리킨디의 우화로 위로를 받으며 노래를 짓고 또 부르며 미장 장인으로 살아가는 화경, 여행학교를 다니며 비빌 언덕이 되는 동료들을 만나고 베트남에서 〈기억의 전쟁〉이라는 다큐를 만든 서새롬, 제도권 학교를 훌훌히 나와 사회를 함께 바꾸자는 이들을 만나고 정당 정치를 시작한 강민진, 기술을 매개로 여성 작업자들과의 연대의 기쁨을 알아 가는 민재희, 페미니스트 동료들과의 즐거운 일과 일상을 꿈꾸는 탱고 추는 소정, 대안학교 교사이자 기후활동가인 볍씨학교 소연샘⋯⋯. 이 책의 저자 대부분이 나와 어디서건 옷깃을 스친 인연들이다. 부당함을 느끼고 용기 있게 행동하는 사람들의 이야기를 읽으면서, 그들의 부쩍 자란 몸과 마음을 보면서 나는 이 우울함 가운

데서도 산들바람처럼 '살림의 시대'가 오고 있음을 믿기로 한다.

아나키스트로 분류되어 온 크로포트킨의 책, 《만물은 서로 돕는다》를 다시 꺼내 읽는다. 그는 이 책에서 다윈이 《종의 기원》에서 강조한 '생존 투쟁'이 아니라 실은 '상호 부조'가 더 중요한 법칙임을 말하고 있다. 인간만이 아니라 모든 생물 종species이 계속 진화하기 위해서는 상호 투쟁이 아니라 상호 부조가 핵심이라는 것이다. 근대 자본주의 이전의 사회들에서 나타나는, 동물의 세계에서도 나타나는 상호 돌봄의 원리가 무엇인지를 보여 줌으로써 앞으로도 인류가 기억해 내고 실천해 내야 하는 것을 일러 준다. 그렇다. 변화는 오고 있다. 아침에 눈을 떠서 밥맛이 없어도 부지런히 살아야 할 이유가 있다. 이 아름다운 여성들이 가져올 살림의 세상이 보고 싶다면 말이다. 그래서 함께 묻기 시작한다. 국가는 무엇이며 가족은 또 무엇인가? 남자와 여자는 무엇인가? 모든 관계가 깨져 나가는 지금, 공생의 기쁨을 경험하는 새로운 삶의 모습은 어떤 것일까?

전염병이 창궐하는 지금, 어머니와 딸들의 역사가 이어지는 미래, 그 오래된 미래를 떠올려 본다. 스스로 돌보고 서로를 돌보는 마음, 자매와 형제가 우애하고 이웃이 서로 돕는 마을의 삶, 그리고 지구의 만물이 서로 돕는 질서를 우리 안에 모셔 오기 시작하자. 지면을 통해 이 길을 누구보다 먼저 가고 있는 전환의 주체들, 이 책 저자들에게 사랑과 감사를 전한다. 교육공동체 벗 출판사에도 감사 인사와 함께 '살림의 세상'을 만들어 가는 이들의 진지한 이야기를 책으로 계속 펴내 달라고 주문하려고 한다. 스스로를 돌보는 세상의 모든 존재들에게 어머니 대지의 축복이 함께하기를!

사람을
살리는 일

| 사람의 치유를 향한 몸과 움직임교육 |

리조 walldaam4@gmail.com

움직임교육연구소 '변화의월담' 공동대표. 젠더, 나이 등 사회적 장벽을 넘어 다양한 개인이 건강할 수 있도록 삶과 환경을 변화시키는 움직임교육을 만들고 있다. 몸이 솔직할 수 있는 삶을 살기 위해, 솔직해도 괜찮은 일을 만들기 위해 고군분투 중이다. 가장 사랑하고 힘들어하는 게 사람이다. 한국어와 영어, 몸의 언어 그 사이에서 지난하게 소통한다.

변화의월담 walldaam.com

일그러진 '몸의 교육'을 새로 짜는 일

한국 사회에서 학교와 직장으로 대표되는 소위 '제도권'을 나와 동료와 함께 움직임교육연구소 '변화의월담'이라는 일을 꾸린 지 2년이다. '몸'이라는 매우 복잡한 세계를 인문·사회과학, 생물학을 넘나들며 학제적 관점에서 공부하고 있고, '인간적인 발달$^{human(e)\ development}$'을 위한 창의적인 교육을 꾸리고 있다. '움직임'을 통해 자기 몸에 쌓인 삶의 맥락을 읽어 내고, 진정한 자신을 발견하며, 사회를 질문케 하는 교육 일이다. '몸의 교육'인 체육은 대부분 훈련시키고자 하는 특정 종목 기술들에 몸을 끼워 맞추고 그 핏^{fit}을 평가하는 방식으로 이뤄진다. 각기 다른 삶에 처한 몸의 맥락이나 이 움직임을 하는 이유에 대한 별다른 고려 없이, 시간 내에 가르쳐야 하는 기술^{technique}에 몸을 끼워 맞춘다. 많고 많은 방식 중에 특정 선생님이 결정한 접근 방식에 몸을 끼워 맞추며 챌린지를 하고, 그 결과를 그 사람에 대한 평가로 결부시킨다. 신체 기술을 가르치는 방식에 대한 성찰과 변화는 거의 없다. 특정 방법론에 다양한 몸들을 끼워 맞추는 것 자체에 대해 문제의식도 없을 때가 많다. 변화의월담 교육 참여자들의 상당수가 활동 후 회고 시간에 과거 체육 수업에서 어떤 몸의 경험들을 했는지 이야기한다. 대개 이런 교육 환경에서 받은 상처가 깊어 자기 몸에 대해 부정적 인식을 갖게 되고 신뢰를 잃은 이야기를 공유한다. "내 몸은 운동을, 움직임을 못하는 몸인 줄 알았다", "예전에는 참 많이 뛰어놀았는데, 이때 이후로부터 점점 무서움이 많아졌고 도전을 하지 못하게 되었다" 등의 자기 비하적인 평가나 수치심, 두려움, 고통의 기억으로 몸이 경직되게 된 이야기다. 교사들에 대한 비난이 아니다. 사실 이런 문제의식을 덮지 않고 풀어낸다면 본인의 직업을 유지하는 게 정말 어려워질 테니 '해야 하는 대로' 하는 것이 그들에게는 맞다. 그러나 우리가 마주한 몸의 교육이란 이런 현실임을 직시해야 한다.

그래서 변화의월담의 첫 교육은 "억압은 자기 몸에 대한 학습된 불신이다"라는 구절로 열었다. 교육자의 지속적인 가이드를 받으며 참가자들은 벽, 벤치와 같은 일상의 사물들을 뛰고, 오르고, 넘었고, 어느새 서로의 적극적인 지지 속에서 상상 이상으로 즐겁고, 도전적인 움직임들을 경험하였다. 그 이후 우리는 언제부터, 어떻게 우리 몸에 대한 신뢰와 움직임의 기쁨을 잃게 되었는지 돌아보고 함께 나누는 장을 꾸렸다. 변화의월담의 '움직임교육movement education'은 하나하나가 고유한 우주인 몸에 대한 이해와 커뮤니케이션 능력, 신체·정서적 발달을 돕는 시

ⓒ 변화의월담 & StudioH 사진가 혜정

충남 홍성 홍동마을의 '행복한 성이야기 모임'과 함께 한
변화의월담 워크숍 중
발의 지지를 느끼며 벽을 오르고 있는 참가자(왼쪽)와
구령대를 넘고 있는 참가자(오른쪽)

민교육이다. 다양한 몸들이 편협하고 기계적인 방식이 아닌, 각기 고유하고 유기적인 과정으로 적응력, 협응력, 탄력성, 회복력, 파워, 리듬감 등의 몸의 역량과 기술들을 깨울 수 있는 (움직임) 상황들을 설계한다. 사람들이 몸을 움직이면서 자연스럽게 배우게 되는 소통, 협력, 통제, 폭력 등의 문제들을 인문학, 정치사회학, 신경생물학, 생체역학적 지식들과 함께 탐구한다. 이를 위해 활용하는 움직임들은 수없이 많다. 파쿠르, 아크로 요가, 레슬링, 접촉 즉흥, 태극권, 이름 없는 놀이까지 '월담'이라는 이름에 걸맞게 경계를 넘나든다. 신뢰와 비언어적 소통 능력에 대해 배우기 위해 레슬링을 활용하고, 몸과 환경 간의 상호 영향, 공간 이해력을 탐구하기 위해 파쿠르를 활용하고, 균형력, 회복력, 고유 감각을 증진하기 위해 태극권을 활용한다. 말로 해서는 전혀 감이 오지 않을 것이기에, 우스갯소리로 "무엇을 상상하든 그 이상을 경험하는" 교육이라 말하곤 한다. 변화의월담 교육은 움직임교육이기에 몸으로 직접 경험해야 알게 되고, 움직일 때마다 상상치 못한 것을 배울 수 있는 장이다. 나도 매번 참가자들과 함께 새로운 배움을 얻고 놀라곤 하는데, '교육자와 참가자가 함께 성장하는 교육이라면 제대로 된 방향으로 굴러가고 있구나' 하며 안심하곤 한다.

사람을 만드는 게 아니라 살리는 일

'교육' 하면 사람을 '만드는' 일이라고 생각하여 보통 교육 대상이 알지 못할 거라고 여겨지는 무언가를 많이 집어넣는 방식으로 이뤄진다. 아이들에게 "떠먹여 줘도 못 한다"는 말을 하는 사람들이 있는데(나도 어렸을 때 들었던 것 같다), 교육자로 서고 나니 이것이 어른의 통제 욕구가 선을 넘거나 소통 전략이 실패한 현실을 성찰하지 못한 채 막 뱉는 말임을 알게 되었다. 교육은 사람을 있는 그대로 수용하고 돌보면서 살려 내는 일이다. 사람은 만드는 게 아니라 자기가 알아서 큰다. 단, 존재가 받아들여져야 비로소 안정감을 느끼며 솔직한 자신과 연결될 수 있고, 과거의 경험과 상처들로부터 성장할 수 있다. 눈치를 보며 살아남기에 유용한 방어/적응 기제가 작동하는 한, 그 누구도 성장과 변화(가소성plasticity)를 도모할 수 없다. 무한 경쟁 구도 속에서 주변을 돌볼 여유를 잃고, 절박하고 우울하게 각자도생을 좇는 생존주의 시대다. 나를 살리고, 곁의 존재들과 서로를 살리고, 함께 다양한 존재들을 살리는 일을 재생산하는 삶, 사회. 그런 삶과 사회가 너무 절실했다. 그 절실함을 계속해서 보류하면서 근본적으로 삶의 양식을 바꿔 내지 않으면 얼마 지속하지 못해 또다시 '리셋'을 찾아 기어 나올 것이라는 것을 알았다. 사람이 스스로, 서로를 살리는 일은 개인을 넘어, 한 세대를 넘어, 여러 세대를

ⓒ 변화의월담 & 서울시성평등활동지원센터

성평등활동가를 위한 파쿠르 교육 〈월:담〉의
'일상에서 도전하고 탐험하기' 세션에서
다 함께 벽을 극복하는 챌린지를 완수한 참가자들

보며 오랜 시간 만들어 가야 한다. 이를 인지한 순간, 더 이상 몸을 살리고, 계속해서 살릴 수 있는 이 일을 미룰 수가 없었다.

'성과'로 타협하고 싶지 않았던 배움과 성장의 욕구

이런 나의 일은 생계를 뒷받침하는 돈벌이라는 (매우 중요한!) 기능을 겨우겨우 갖추고 있다. 생계를 뒷받침하는 데 단순히 현금 말고도 가족과 동료 관계에서 나오는 유무형의 자원의 덕을 아주 많이 보고 있기에, 풍성한 관계 자원 없이 금전적 소득만 보자면 오래전에 길바닥에 나앉았다. 프리랜서 교육 종사자에 대한 열악한 대우가 공고히 구조화되어 있기 때문이기도 하지만, 사실 동료의 지지와 합의 속에서 돈벌이를 자발적으로 미룰 때도 있다. 청년이 프리랜서/자영업자의 위치에서 돈이 아닌 사회적 가치를 목적으로 두고 하는 일은 대개 지원 사업이나 어쩌다 발굴한 용역 계약에 의존할 수밖에 없다. 이런 구조에서는 일의 내적 성장을 도모할 여유 없이 프로젝트 자체를 굴리는 데 녹을 매야 한다. 좋은 일을 하는 청년들이 자주 지치고 번아웃을 겪는 이유이고, 높은 스트레스 속에서 '힐링'이나 자가 보상을 끊임없이 취하는 이유다. 하지만 그런 방식으로 하다가는 반짝거리는 프로젝트를 굴리면서 끝없이 뭔가를 소비하고, 그런 자신을 비난하고, 어느새 얕았던 고민의 밑바닥이 드러나고, 에너지도 소진되고 신경도 날카로워져 결국 소중한 관계까지 망치는 꼴을 예견할 수 있었다. 그런 미래는 원치 않았다. 깊고 폭넓은 배움을 기반으로 한 진정한 성장을 하고 싶었다.

처음부터 "우리 3년 동안은 성과 내지 말자"라고 함께 시작한 파트너가 있었기에 가능한 일이었다. 변화의월담은 소진적인 사업 굴리기에 매몰되지 않고, 5개월에 한 번씩, 2~3개월 정도 자체 비수기를 가지며 교육 프로그램과 방법론을 발전시키기 위해 모든 자원을 내부 연수와 연구에 쏟는다. 내가 선택하고 만들고 있는 일은 단 한 번도 충분한 생활비를 가져다주지 못하고 있지만, 훌륭한 먹거리 — 종종 가족들의 적극적인 기부를 받는다 — 와 조금이나마 맘 놓고 작업할 수 있는 공간 — 시와 재단에서 지원하는 공간들을 쓴다. 물론 우리의 상태와 작업에 따라 새로운 환경을 찾아 떠날 때도 많다 — 을 적절히 누리며 생활하고 있다. 그러면서 모아 두거나 기부받거나 잠시 빌린 몇백만 원을 우리의 배움을 위해 다 쓰는 것이다. 아무리 비싸도 돈으로 결코 환산할 수 없는 배움의 경험은 나중에 꼭 값진 — 비용을 훌쩍 뛰어넘는 가치의 — 후속 작업들을 가져다준다. 일상에 돌아와 배운 것을 곱씹으며 실험하고, 삶과 사회의 맥락에 맞게 가공할 수 있는 이에게 말이다. 특별했던 교육장을 떠나 평범한 일상으로 배움과 실험을 재창조하는 역할은 우리에게 있다.

두려움과 마주하는 활동으로 높은 곳에서 뒤로 균형을 잡으며 걸어가는 〈월:담〉 참가자들과 도전하는 이들의 살짝 뒤편에서 함께 따라가며 안전을 점검하는 '스팟터(spotter)' 역할을 하는 참가자들

전 세계적으로 탁월한 움직임교육을 하는 교육자들을 보면, 자신이 갈망하는 배움에 매번 모험하듯이 자신이 가진 모든 걸 부었던 이들이다. 모험을 선택한 자신도 예상하지 못했던 방식으로 맘껏 성장할 수 있게끔 스스로에게 양육적인 환경을 오랜 시간, 포기하지 않고 최선을 다해 만들었다. 많은 스승들과 동료들을 발견하면서 말이다. 그리고 오늘날 이들은 수많은 이들에게 삶을 바꾸는life-transforming 교육과 함께 풍성한 지지와 양육의 경험을 제공하고 있다. '양육nourishment'이라는 단어를 내 움직임교육 스승으로부터 처음 들었고, 지금도 자주 듣는다. 교육은 사람을 양육하는 일이기에, 속도와 방식에 얽매이지 않고 한 사람, 한 사람을 키우는 데 필요한 다양한 자양분을 조건 없이 주어야 한다고 한다. 미국 캘리포니아에 베이스를 두고 있는 Body-Mind Centering이라는 움직임교육단체의 실천가practitioner 양성 과정은 첫 2년 교육자 과정 이수 후에 시작되는데, 무려 20년 과정이라 한다. 20년이라는 시간을 들여 사람이 클 수 있는 자양분과 경험을 제공하는 것이다. 그리스 아테네에 베이스를 두고 있는 Fighting Monkey 팀은 이들 교육을 팔로잉하는 '학생'(안무가, 교육자, 물리치료사 등 다양하다)들과 10년 넘게 함께하고 있는데, 그들을 위해 자격증 과정을 만들지 않는다. 대신 학생들이 '들개stray dogs'처럼 언제든지 필요할 때 와서 배우고 또 조건 없이 떠나 자신의 길을 걸을 수 있도록, 상호 지지적인 배움의 관계망을

© Fighting Monkey / Rootless Root

변화의월담이 2019년에 참가한
Fighting Monkey의 움직임교육 워크숍 현장

다져 가는 데 힘 쏟고 있다. 이들이 말하길, "Diversity Breeds Immunity(다양성은 면역을 낳는다)". Fighting Monkey의 글로벌 네트워크는 우리의 다양성이 우리가 튼튼하게 클 수 있는 기반이 된다는 것을 몸소 보여 주고 있다.

소중한 배움과 양육의 경험을 몸에 지니고 한국 사회에, 일상에 돌아오면 착잡하고 화가 날 때가 많다. 다음 세대, 청년을 키운다는 일에 적은 자원으로 빠른 시간 내에 가시적인 성과를 보려는 사업들이 난무한다. 사업의 계약직 협력자로 꾸역꾸역 일하든, 사업의 대상으로 참여하든 괴로울 때가 많다. 어린 세대에 가하는 '단타성 투자'의 연속은 사회적 폭력에 가깝다. 단 한 번도 존재 그 자체로 받아들여지고, 품어지고, 조건 없는 양육을 받지 못한 윗세대들은 자신의 트라우마를 다음 세대에게 계속해서 '지원'과 '투자'라는 이름으로 대물림하고 있다. 지금의 청(소)년들은 어렸을 때부터 지원과 투자의 대상에 걸맞게 자신을 가공하고 입증하는 삶을 살고 있다. 끊임없이 스스로를 억압하고 관리한다. 만성 우울(de-press-ion: 'de-press: 눌러 내리다', 본질적으로 몸의 느낌과 감정을 억누른 상태)과 피로, 무기력함이 만연할 수밖에 없는 사회다. 누구의 잘못도 아니지만, 우리 모두가 책임을 져야 하는 현실이다.

트라우마를 물려받은 한 1990년대생의 '성장기'

초등학교 때부터 시작된 입시 지옥을 탈출하면 새로운 삶이 있을 거라 기대했었다. 물론 대학에 진학하고 그 기대는 허상이었음을 알게 되었다. 《공유의 비극을 넘어》를 쓴 엘리너 오스트롬을 동경하며 행정학과에 진학하였지만, 삶과 사회와 괴리된 (미국식) 행정학 수업과 1학년 때부터 고시를 운운하는 학과 분위기는 아주 빠른 속도로 내 환상과 함께 생기를 꺼뜨렸다. 고3 생활에 이어 '고4'의 생활이 이어지는 건가 계속 자문하며 괴로워했다. 물론 항상 괴로웠던 것만은 아니었고, 나름 배움과 의미도 얻었다. 교양 수업에서 이른바 명문대 학생들을 대놓고 '초합리적 바보 hyper-rational fools'라 부르며 시위 참여, 독립 영화 관람 등 다양한 과제를 내 주고, 삶과 관계, 사회를 성찰하는 연습을 촉진하던 특별한 스승을 만났다. 지금 변화의월담을 같이 만든 친구도 그 수업에서 만났다. (물론 관계의 시작이 그랬다는 것일 뿐. 그 학기를 뒤로 우리는 각자 매우 다른 삶을 겪으며 성장했고, 5년 뒤에서야 다시 만날 수 있었다.) 그러나 전반적으로 중간고사 기간과 학기 송료 직후를 기점으로 1년에 네 번 정도는 건강이 무너졌고, 2년을 겪고 나니 학점, 돈, 스펙, 취업 등의 압박 속에서 대학 생활은 별로 바뀌지 않을 것임을 알게 되었다. 교환 학생을 명분으로 한국을 떠나 미국 캘리포니아 버클리로 갔다. 좌충우돌 교환 학생 1년을 마치고, 실리콘밸리에서 '인턴'으로 2년간 일했다. 히피 세대의 문화적 유산과 자본주의의 최전선이 혼재하는 그곳에서 만난 희한하고도 특별한 동료들과 함께, 또 홀로 지난하게 삶을 지탱했다.

  한국에 돌아와 마지막 학기를 남겨 둔 대학에 복귀하였다. 복학한 뒤 2주가 지나자 불쑥 걸려든 인턴십 기회들을 하나둘씩 택하면서 1년을 더 쉬게 되었다. 해외에서 쌓은 경력을 바탕으로 외국계 기업에서 여러 실무 경험을 할 인턴 기회를 얻었다, 고 생각했지만, 나중에야 신입의 자리를 인턴과 계약직으로 돌리는 착취 구조에 들어온 한 대학생 '열정 노동자'였다는 걸 알게 되었다. 국내 유수의 대기업들에 비싼 비즈니스 교육 워크숍을 제공하는 컨설턴트들과 잠 설치며 일을 했다. 명품 스포츠카를 파는 기업의 마케팅 부서와 CEO에게도 보고되는 시장 분석 리포트를 작성했다. 그래도 급여는 세후 월 100만 원 정도였다. 독립은커녕 인간다운 삶을 상상하기도 매우 힘들었다. 이 착취적 구조를 파악하고 모든 걸 형언할 수 있기도 전에 이미 몸은 고통에 울부짖으며 반응하고 있었다. 소화 불량, 설사, 만성 피로, 경직, 통증 등 아주 다양한 방식으로 말이다.

  건강 악화를 이유로 들며 마지막 인턴십 기간을 반만 채우고 퇴사했다. 퇴사 직전에 끊었던 80만 원짜리 캘리포니아행 왕복 비행기표가 나의 마지막 동아줄이었다. 약 3개월간 캘리포니아에서 '왜 사는가'라는 고민을 머금고, 친구들을 만나고, 춤을 추

ⓒ 변화의월담 & StudioH 사진가 혜정

홍동마을에서 진행한 워크숍 중
척추를 돌보는 움직임을 하는 참가자

고, 산기슭을 달리고, 암벽을 타고, 스케이트보드를 배우고, 때론 아무것도 안 하며 암울한 나 자신과 씨름하였다. 전에 만난 소중한 벗들이 내게 생활 공간과 음식, 돈, 자동차, 휴대전화, 음악, 땀방울, 웃음, 따뜻한 대화, 동행 등 그들이 할 수 있는 최선의 돌봄과 환대를 베풀어 주었기에 가능했다.

3개월 무비자 여행을 마치고 돌아와서 복학했다. 교육 시장과 생존 게임에서 큰 또래들과 기업 논리로 돌아가는 대학, 불확실한 미래를 앞두고 무한 자기 계발과 경쟁을 강요하는 신자유주의 체제가 상호 작용을 하며 만들어 내는 기막힌('toxic'한) 풍토에 시달린 지 6년 반 만에 겨우 졸업했다. 마지막 시험 후 학교에 대한 거부감과 착잡함을 화장실 변기에 게워 내었다. 학교를 통해 맺은 감사한 인연과 누린 혜택들을 인지하고 있었기에, 졸업을 앞두면서는 매우 복잡한 심정이었다. 그 복잡한 마음을 3시간 동안 캠퍼스를 네발로 기어 돌며 땀으로 쏟아내었다. 그렇게 졸업식 없이 내 몸이 원했던 졸업 의례를 끝으로 학교를 떠났다.

혼자서는 가능하지 않은 생존과 성장

대학생 신분을 유지한 6년 반 중 2년 반은 학교에서 나와 국내외 네 개의 일터, 열 개의 거주 공간을 오갔고, 그 사이의 시공간에서 수많은 모험들을 했다. 그 열 개의 거주 공간에는 스탠포드 주변에서 10명의 인턴들이 엄청난 비용을 내고 방 두 개 딸린 작은 아파트를 공유했던 '해커 하우스hacker house', 매일 밤 추위에 떨며 일회용 핫팩과 함께 잠들었던 내 첫 자가용, 같은 부서의 워킹-싱글맘 동료가 모유 수유를 하다 잠든 소파 옆 자리, 타 부서 이사 부부가 비워 준 작은 방, 회사와 와인 바에서 투 잡을 뛰면서 틈틈이 몰래 잤던 1평짜리 컨테이너 창고, 전 직장 사무실 바닥, 전 직장 타 부서 차장 집의 거실 바닥, 페미니스트 동인 어른들이 내어준 집의 다락방이 있다. 삶은 상상치 못한 고난, 행복, 관계, 배움 등 선물과 폭우를 수반한 어드벤처였다. 국가가 국민에게 제공하는 사회 안전망이나, 시장이 소비력 있는 고객에게 보장하는 안전망, 그 어디에서도 설 자리를 찾을 수 없는 진퇴양난에 놓였을 때는 항상 운 좋게도 날 품어 준 고마운 인연들이 있었다. 이들의 품속에 드나들며 생존은 물론, 오히려 더욱 풍요롭고 인간미 넘치는 삶을 경험했다. 이때의 경험으로 인해 공유와 연대, 환대에 대한 감각이 비로소 몸에 스며들었던 것 같다. 그리고 그런 감각은 현재 내가 가꾸고 있는 관계와 일에 소중한 거름이 되어 주었다.

사람을 위해 일하는 사람들이 병드는 섹터

'사람을 살리는 교육' 일을 한 지 3년 차에 접어들었다. 서울 불광동과 성수동을 거점으로 크고 있는 '소셜 섹터'에 발을 조심스럽게 들이고 있다. 여러 지원 사업, 협력 사업과 행사, 워크숍 경험들을 겪었다. 사람 몸과 관련된 일을 해서인지, 사람을 위하는 일을 하고 있는 사람들이 소리 없이 무너지고 있는 현실이 명확하게 보였다. 돈을 위해 일하고 있는 사람들이 병드는 것을 이해하는 것은 쉬웠다. 하지만 더 나은 세상을 만들기 위해 일하는 사람들(간)의 억압적 구조를 이해하는 것은 처음에는 쉽지 않았다. 그러나 얼마 안 되어 사회적으로 가치 있는 일을 한다는 명분과 이미지, 자신이 자발적으로 선택했다는 생각이 사람의 억압을 더 용이하게 했다는 것을 알게 되었다. 안타깝게도 소셜 섹터의 행사장에서 연사들이 자랑스럽게 공유하는 '존버/성공'의 스토리는 자기 단절과 억압, 트라우마의 서사였다. 사회적으로 의미 있는 일의 성취로 개인의 억압과 고통을 덮어 버린 이야기 말이다.

아무리 '좋은' 일이라도 그 일을 하는 내가 생기와 활력을 잃고 '존나 버티는' 일상을 지속한다면, 왜 아직도 그 일을 '좋은' 일이라 되뇌이고 있는가. 그것이야말로 타자화된 욕망이자 내면화한 폭력 아닌가. 소셜 섹터와 비영리 섹터에서 '중요하고 의미 있

2019년 1월, 교육공동체 벗의
'교육의 페미니즘적 전환' 연수에서 진행한
변화의월담 워크숍

는' 일을 하는 사람들이 자기 몸이 무너져 내리는 걸 억누르고 억누르며 일하는 모습을 보면 절망적일 때가 많다. 일의 성취, 성과를 위해 자기 몸을 부정하고 억압하는 습관을 미묘하게 자랑스러운 톤으로 얘기할 때는 이상한 느낌이 든다. 인권 관련 활동을 하는 조직에서 일하는 사람들은 자신의 인권은 어디 갔냐며 괴로워하지만 사람 관계 때문에 쉽게 문제 제기를 하지 못하고 있었다. 청년을 위한 조직은 청년의 열과 정성, 시간이 깃든 노동을 그대로 값싸게 이용하고 있기에, 청년은 지원을 받으면서도 화가 나지만 수면 위로 드러내지 못하고 있었다.

나 또한 내 일을, 일과 맺는 관계를, 이에 영향을 받고 있는 현재 신체·정신적 상태를 계속해서 들여다본다. 맘 편히 들여다보지는 못한다. 이 지난한 자기 물음의 작업이 '일'의 일부라는 것을 설명하기 어려울 때가 많다. '뭐 하는데 그리 바쁘냐' 비난하듯 물어보는 가족과 비영리 스타트업 지원 사업에서 인건비를 주며 '어떻게 일하고 있냐' 묻는 재단에는 더욱 어렵다. 그러나 매우 다행스럽게도 아무런 '생산적 노동'을 하지 않고 자기 성찰과 대화를 하며 보내는 그 시간이 우리 일의 일부다. 물론 우리가 만든 일이니까 가능하다. 자기 성찰과 치유 작업이 일에서 억압되지 않아야, 많은 시간을 일터에서 보내고 있는 내가 계속 살아있을 수 있다. 그래야 단순히 '존나 버티는' 게 아니라 매일 변화하는 몸과 대화하는 삶이 가능해진다. 내 동료들도 마찬가지다.

그리고 사람에 대한, 사람이 사람을 위해 하는 일에 대한 배움이 계속해서 일어날 수 있다. 우리는 일과 같이 커야 한다.

청년에게는 사회에서 클 시간과 자양분이 필요하다

앞에서 말했듯이, 양육적이지 못한 한국 사회에서 일을 만드는 경험은 매우 어렵고 힘들다. 법적으로 '성인', 사회적으로 '청년'이라는 타이틀은 부여받으면서, 얼추 컸다는 기대와 아직도 어리다는 무시를 동시에 받는 애매한 위치다. 어리다는 무시는 어쩔 수 없더라도, 다 컸다는 인식에 대해서는 짚어야 할 점이 있다. 무조건적이고 풍성한 양육과 성장의 환경을 제공받지 못한 아이들은 나이를 먹는다 해도, 겉보기에 신체는 컸다 해도 결코 정서적으로, 사회적으로 발달된 몸이 아니다. 스물, 서른, 사실 마흔, 쉰이 넘어도 신체-정서-사회적으로 성숙한 인간으로 발달되지 않는 경우가 매우 흔하다. 인간은 포유류 중에서도 가장 발달이 덜 된 상태로 태어나, 사는 기간 동안에 무궁무진한 발달이 가능한 놀라운 존재다. 하지만 그만큼 발달에 많은 시간이 걸린다. 사람을 '사람'으로 만드는 정서, 인지적 기능들을 주관하는 전전두엽은 발달하기까지 약 25년이 걸린다. 현 사회 시스템은 19세가 되면 사람이 물리적으로 성장을 마친, 소위 '성인'으로

원피스 입고 자유롭게 움직이던
어린 시절의 몸을 회복해 보자는 취지에서 꾸린
〈원피스 월담〉 워크숍 포스터

착각하지만, 실제로는 만 25세가 되어야 뇌와 몸이 발달을 마치기에 성인의 시작이라 볼 수 있다. 이걸 안 섹터가 신경학계 말고도 하나 더 있는데 바로 보험계이다. 인간 행동의 데이터를 통해 귀납적으로 알았는지 만 25세 미만 가입자에게는 높은 보험료를 부과하다가 만 25세가 지나면 인하해 준다. 인간은 발달하기까지 긴 시간이 걸릴뿐더러, 긴 발달 과정에서 필요한 양분이 부족하면 제대로 발달하지 못하는 아주 취약한 생명이다.

신체-정서적 발달을 위한 자양분을 충분히 받지도 못한 채, 생존을 위해 자기 입증과 부정을 체화하며 자라난 청년 세대가 사회 문제의 해결 주체로 선다고? 사회 문제의 해결 주체로 서는 청년이라는 말은 참으로 아름답지만, 짧은 시간 내에 사회 문제의 해결 주체로 보이기 위해 또 자기 성취와 증명의 스토리를 만들고 발신해야 하는 청년들에게 그 아름다운 말은 무거운 짐이자 압박이다. 그리고 청년들은 왜 자신이 참 좋고 의미 있는 일을 하는데 소리 없이 찾아오는 번아웃과 우울에서 벗어날 수 없는지 이해하지 못한다. 부족한 자신에게서 또다시 문제점을 찾고, 이를 해결하기 위해, 자기 존재의 가치를 확인하기 위해 또다시 보람찬 자기 성취와 증명의 길을 걷고 스토리를 만들어 낸다. 사회에 좋은 일을 하는 사람이 온전할 수 없는 패턴이다. 사회에 의미 있는 일을 하지 않으면 자기 존재의 가치를 찾지 못하는 양상이 반복된다. 일차적으로 자기 존재가 그 자체로, 이유와 조건 없이 받아들여지고 돌봄을 받는 양육의 경험이 부재했기 때문이고, 또 거기서 오는 내면의 상처, 트라우마를 치유하는 데 도움을 주는 관계가 결여되었기 때문이다. 이미지, 대상으로서 청년을 마주하는 게 아니라 존재, 몸으로서 청년을 마주하면서 배우고 성찰한 지점이다.

'사회 문제의 해결 주체이자 사회 변화의 원동력'이라는 이미지, 정체성으로서 청년을 살고 있는 나 자신과 다른 청년들에게 진정으로 위로를 전한다. 그렇게 최선을 다해 살아 내느라 고생했다고. 열심히 살아 내느라 지금 아픈 것도, 불안과 초조함이 가시지 않는 것도 너무 당연하다고. 사실 청년을 넘어 전 사회 구성원들에게 건네는 공감과 위로의 말이다. 그리고 이제는 우리 자신을 존재 그 자체로 껴안고 보듬는 치유의 작업이 필요하다고, 함께하자고 제안하고 싶다. 치유(healing)는 온전한(whole) 나를 회복(recover, 다시 찾다)한다는 의미다. 치유는 지금, 여기 없는 것을 만드는 과정이 아니라, 나에게 내재된 것을 찾는 과정이다. 우리가 찾는 것은 우리 몸에 있다. 오랜만에 희망을 찾았고, 이게 멀리 있는 게 아니라 바로 여기, 내 존재에 있다는 게 또 다행이다. 그 희망을 가지고 오늘도 내 일을 꾸려 간다. 내면과 세상의 장벽을 넘어 몸과 마음의 회복을 향해, "변화의~ 월다암!"

어느덧 나는
다시 농민이 되고 싶어졌다

| 논밭 한가운데 작은 상점 |

박푸른들 nonbaat@gmail.com

농사를 짓고 논밭상점을 운영합니다. 논밭상점은 농촌 사람들
에게 필요한 일을 기획하는 작은 사무실입니다.
논밭상점 www.nonbaat.com

농업, 내가 사랑하는 사람들이 덜 불행하길 바라며 선택한 길

2018년 9월에 있었던 대안교육한마당을 비롯해, 나에게는 그동안 남들과 다른 삶을 살아가는 청년이란 이유로 섭외되는 일이 종종 있어 왔다. 그건 내가 어때서라기보다 거쳐 온 소속 때문이었다. 시험을 싫어하는 난, 내 상황에서 비교적 들어가기 쉬운 소속을 선택해 왔는데, 그게 몇몇 눈에는 다르게 느껴진 모양이다.

당장 눈에 띄는 일을, 마침 마음 맞는 동료들을 만나 해 온 것이 전부인 나로선, 그런 자리에 섭외되면 할 말이 얼마 없다. 어려운 질문에는 버벅대고 머리를 긁적이는 수밖에. 이런 이유로 청소년을 대상으로 한 강연이나 원고 요청이 들어오면 늘 난감하다. 진로교육은 더 안 맞는 옷이다. 내 하루하루가 어떻게 펼쳐질지도 잘 모르겠는 나란 사람이, 매일 일에 허덕이며 닥치는 대로 사는 오늘의 내가 대체 무슨 말을 할 수 있을까. 금세 밑천이 탄로 날 걸 알면서도 승낙하는 데는 이게 나인데 어쩌겠느냐는 무대책 심보가 있다. 거창한 제안은 할 수 없지만 경험 나열 정도는 할 수 있으니까, 라는 마음도 있고.

매일같이 엄마는 내게 정리가 필요하다고 말하곤 하는데, 그 말만큼은 바로 인정할 정도로 내 인생은 정신없다. 정신없는 건 무슨 일을 하냐는 질문에 답할 때도 마찬가지다. 나는 농사꾼이 되었다가, 그림 그리는 사람도 되고, 장사꾼이 되었다가, 에디터가 되기도 한다.

오늘만 그랬던 건 아니다. 지난 10년이 그랬다.

지난 10년 중 1년 빼고는 모두 농업 판에 살았다. 소속과 위치, 동료는 종종 바뀌었다. 필요에 따라 연구 보조원, 실무자, 기획자, 위원, 농민 등으로 불렸고 지역, 생명 농업, 농민운동, 농업/농촌/농민단체 청년 실무자, 청년 여성 농민, 청년 창업농, 농사로 먹고살기 등을 주제로 일했다.

농업을 선택한 건 진로를 정해야 하는 고3 때였다. 졸업 이후 뭘 해야 할지 결정해야 하는 시기. 당장 마음에 닿는 걸 고르다 보니 그게 농업이었다. 농사로 먹고사는 아빠와 동네 사람들의 삶이 덜 불행하길 바라는 마음 딱 그뿐이었다. 당시 이들은 내가 유일하게 '애정'하는 그룹이었는지도 모르겠다. 유통 업체로부터 잠식당한 지역 농민 조직의 한계, 요구하는 규격에 맞지 않는 농작물은 버려져야 하는 현실, 생산비를 건지지 못하는 해의 연속에서 지쳐 가는 아빠를 볼 때마다 서글펐다. 평생을 뜨거운 낮에도, 눈비가 세찬 날에도, 자신의 결혼식 날에도, 세 딸들이 태어난 날에도 농사로 먹고살아 왔지만 마냥 행복해 보이지만은 않

나는 내가 사랑하는 사람들이
좋은 삶을 살길 바라는 마음으로 농사를 선택했다.

았던 아빠. 농업을 시작한 이유는 그저 내가 사랑하는 사람들이 좋은 삶을 살길 바라는 마음 때문이었다.

농업 입문은 대학 대신 고향에 있는 풀무농업기술고등학교 환경농업전공부(전공부)를 택하면서 이루어졌다. 농업을 하려면 분야가 어떤 것이든 기본인 농사를 먼저 알아야 한다고 생각했다. 또 내가 사랑하는 사람들은 화학 비료나 제초제를 사용하지 않는 친환경 농업을 하니, 나 역시 가능하면 친환경 농사를 익혀야겠다고 생각한 게 전공부 입학으로 이어졌다.

농민운동은 잦은 감동을 주었지만 난 스스로가 빈 깡통처럼 느껴지기 시작했다

충남 홍성군 홍동면에 있는 당시 개교 10년 된 전공부는 한 반에 10명 안팎 되는 작은 대학 과정으로, 20~50대 학생이 공부하고 일했다. 학교는 농사 이론과 실습, 지역공동체, 철학 등을 다양하게 가르치는 곳이었다. 또 당시는 재학생과 졸업생에게 지역 기반 실험을 적극 지원하기도 했다. 졸업 논문을 쓰는 2학년은 필요에 따라 지역 농민과의 영농 비교 분석을 할 수 있도록 했고, 지역 활동을 원하는 졸업생에게는 각 활동에 대한 실험 장소와 인프라를 적극 지원했다. 지역 사람들은 필요한 실험을 학교에 의뢰

했고, 학교는 가능한 만큼 학생들과 추진하고, 지역과 공유했다.

나 역시 학교로부터 장소와 인프라를 지원받아 졸업 후 몇 년 동안 지역 기록 관련 일을 했다. 기록은 애초 농업에 입문한 이유와도 연관 있었다. 몸으로 먹고사는 사람들이 농업·농촌의 중심에 있길 바랐던 난, 이들이 행복할 수 있는 농업 구조나 자신들이 직접 행복한 삶을 디자인하는 것들에 관심이 많았다. 당장 가시적인 성과가 나지 않더라도 충분한 저력을 갖고 있다고 믿었다. 그래서 이들의 이야기를 기록하고 공유하고 싶었다.

유대감이 좋았던 당시 지역과 학교 덕분에 지역에서 필요한 기록을 차츰 해 나가며, 하고자 했던 기록 작업의 범위를 넓혀 볼 수 있는 계기가 되었다. 정작 하고 싶었던 가족과 친한 이웃 당사자의 기록은 하지 못했지만, 지역 역사를 다루는 것 자체가 그들 삶의 맥락을 이해하는 좋은 도구였다. 그렇게 난 고향을 떠나기 전까지, 지역 역사를 기록하고 기록 콘텐츠를 활용해 지역 가이드, 소식지 발행, 전시, 발표회 등 여러 프로젝트를 주민들과 진행했다.

즐겁고 만족감 높은 일이었지만 한계는 분명했다. 기록은 넘쳤지만 체계적인 정리는 되지 않았다. 또 쉽게 기록 속 주민들을 대상화하곤 했다. 한계를 메우기 위해 기록에 관련해 활발한 작업을 하고 있는 분들이 있는 연구소, 회사에서 몇 달 인턴을 하기도 했다.

그럼에도 기록을 하면서 가장 불편하고, 어려웠던 건 잦은 대상화였다. 넋 놓고 일하다 보면 나의 한계로 인해 기획된 프레임에 대상의 이미지를 맞출 때가 많았다. 작업을 하며 누군가를 대상화하게 될 때는, 과거 나와 가족이 대상화된 경험이 떠올라 불편했다. 어떻게 해소하면 좋을지 갈피를 잡지 못했다. 더 이상 이 일은 할 수 없겠다고 생각해, 반대의 일을 시작했다. 당사자 운동. 그래서 택한 곳은 농민운동단체였다.

입사 전 들은 내 업무는 농민들 이야기를 모아서 공유하고 실현시키는 것. 당시의 난 농업의 현주소를 정확히 짚는 사람, 농업이 나아가야 할 방향을 아는 사람, 이상향과 현실적인 목표를 구분할 줄 아는 사람이고 싶었다. 조직에서 경험한 현장은 공부와 토론으로 이어지고 그 결과는 실천이 되길 바랐다. 이전에 한참을 기록에 사로잡혀 산 나는, 내가 맡을 업무에 대한 설명이 너무나 감성적으로 들려서 조금 흥분하고 말았는데 알고 보니 회의, 회의록 작성, 집행 실무가 내 일이었다. 농민들 이야기를 모아서 공유하는 것이 회의와 회의록, 실현시키는 것이 집행 실무였다. 여기서 규칙은 집행할 때 월권하지 않을 것.

단체 안에서는 전국본부 막내 실무자로, 밖에서는 농업/농민단체 청년 실무자 모임 '농땡이' 진행자로 몇 년을 지냈다. 농땡이는 조직 생활이 답답하고 어려웠던 내게 활력이었다. 단체와 가까운 곳에 다른 농업/농민단체가 여럿 있었는데, 그곳에는 나랑 비슷한 청년 실무자들이 있었다. 따로 있으면 조직에 답답함과 어려움을 느끼는 내가 이상한 사람 같았지만, 모여 이야기를 나누다 보면 '나 이상하지 않구나, 괜찮구나'라는 걸 알게 되었다. 대단한 일을 해내지 않아도 마음의 연대는 우리에게 강한 힘을 줬다. 농땡이뿐만 아니라 단체에서 마주한 연대의 경험 또한 강렬했다. 그때 만난 농민운동 당사자들의 협력은 느리고 성과는 작았지만, 학자나 다른 누군가가 대체할 수 없는 건강한 힘이 있었다. 느리지만 작은 마을 단위에서의 논의가 시군 단위로 모이고, 그것이 전국 단위로 모여 큰 목소리를 함께 내는 과정들.

잦은 감동과는 별개로 내가 속한 조직은 바쁘고, 가부장적이었다. 이론과 실천의 분업이 철저한 곳이기도 했다. 언젠가부터 내가 추구하는 농업이 막연하게 느껴졌다. 농민 집회에 나가 구호를 외칠 때마다, 스스로가 요란한 빈 깡통처럼 느껴지기 시작했다. 내가 지금까지 말한 좋은 농업이란 게 대체 어떤 것인지, 조직이나 기성세대가 오래전에 정의한 좋은 농업을 따라 외치고 일하길 너무 오래한 것은 아닌지, 너무 오랫동안 농업이나 농민을 무조건 옹호해 온 것은 아닌지 등의 생각들이 둥둥 떠다녔다. 더 이상 "청년이 우리 농업(마을)의 미래"라든가 "좋은 일 하시네요"라는 말들은 위로가 되지 않았다.

앞으로는 내가 아는 것만 말하고 싶었다. 작고 느리더라도 직접 경험하고, 느끼고, 공부하고, 고민하고, 실천하고 싶어졌다.

농민운동단체에서의 경험은 당사자들이 서로 협력할 때
나오는 저력을 직접 확인하는 과정이기도 했다.

마음에 맞는 동료들을 만나다

농업 판을 벗어나지 않았던 건 이곳에 계속 있다 보니 애정이 깊어진 것도 있지만, 익숙하고 편했던 이유도 크다. 사실 낯선 일을 새로 시작하는 것도 두려웠다. 어떡할까. 우선 거리를 두고 고민할 시간이 필요했다. 그렇게 한동안은 거리를 두고 새로운 공부와 일을 하고, 글을 쓰고, 그림을 그리고, 더 많은 사람들을 만나러 다녔다. 그 모든 시간이 내게는 여행과 같았다. 퇴사 후 그 시간은 개인의 욕망을 하찮게 여긴 채 공적인 사고를 강조한 나의 지난 시간을 후회하는 기간이기도 했다.

새로운 곳을 여행하며 낯선 농민들을 만났고, 새로운 일을 하며 새 동료들을 만났다. 취미로 시작한 몇몇 일은 더 깊게 몰입할 수 있는 일들로 변해 갔다. 보지 자수 워크숍 '수놓아보지'가, 누드 드로잉 작업과 워크숍 '몸의 기억'이, 농촌 페미니즘 스테인드글라스 작업 '반사'가, 농촌 페미니즘 캠프 '농촌청년여성캠프'가, 청년 농민 정책 토론회가, 농촌 페미니스트 작가들의 공동 작업 '농촌게릴라걸즈'가 그랬다.

그중 가장 오랫동안, 많은 사람들과 한 일은 2017년 시작한 청년여성농민캠프였다. 성평등하지도, 다양성을 존중하지도 않는 농업 분야에 대한 문제의식으로부터 시작한 일이었다. 캠프 참가자는 주로 농업 분야에 종사하거나 농촌 주민으로 살아가는 청

농촌게릴라걸즈 공동체 본격 해부.
문화기획달 기획으로 구례, 남원, 홍성 지역 농촌
여성 페미니스트들이 시작한 공동 미디어아트 작업(위)과
보지 자수 워크숍 '수놓아보지'(아래).

2018년에 진행한 농촌청년여성캠프.
농업 분야에 종사하거나 농촌 주민으로 살아가는
청년 여성들이 모여 각자의 자리에서 여성으로서
상처받고 소외받은 이야기를 풀어내며, 연대를 시작했다.

년 여성들이었다. 우리는 각자의 자리에서 여성으로서 상처받고 소외받은 이야기를 풀어내며, 연대를 시작했다. 그 안에서도 우린 '나 이상하지 않구나, 괜찮구나'라는 것을 알게 되며, 서로를 위로했다. (2018년 농촌청년여성캠프라는 이름으로 바꾸었으며, 2019년부터는 소규모 프로젝트별로 진행 중이다.)

당사자로서 직접 목소리를 내고 협업을 통해 문제 해결의 실마리가 보이는 과정, 조직에서 정해 준 동료가 아니라 마음 맞는 동료를 스스로 찾고 만나는 일은 축복이었다. 같이 사유하고, 결정하고, 일을 나누고, 같이 빛날 동료들과의 일은 행복했다.

농사짓는 사람들의 상점, 논밭상점

어느덧 나는 다시, 농민이 되고 싶어졌다. 농업에 대한 추상적인 당위와 탁상공론에서 벗어나, 농민의 몸으로 직접 농업을 이해하며, 지속 가능한 농업과 삶을 살고 싶어졌다. 농사짓는다는 건 앞으로 같은 곳에서 같은 삶을 살겠다는 의지라고 여긴 나는, 농사를 꿈꿔 본 적은 없다. 한 달을 계획해 사는 것조차 불안했던 나는 하루살이였고, 하루살이인 난 농사와 맞지 않았다.

그럼에도 엄마를 닮아, 꽂힌 건 당장 해야만 하는 난 농사꾼이 되었다. 농사를 짓는다고 하고 처음 한 일은 농사지어 먹고살 수 있는 방법을 찾는 일이었다. 그렇게 논밭상점을 만들었다. 그 다음에는 시골 고향 집을 치웠다. 내가 태어난 해, 아빠가 아빠 친구들과 지은 가건물 시멘트 집이자 빈집. 엄마 아빠의 신혼집 이자, 나의 고향 집. 안방에서 시작한 논밭상점은 이후 거실로 옮겼다가 지금은 고향 집 옆에 있는 50년 된 할머니 집으로 이사했다.

논밭상점은 농민들이 함께 돌보는 작은 상점이다. 시골 너른 들에 있는, 농민들과 채소를 사고 싶은 사람들이 자주 드나드는, 아주 작은 가게. 주로 온라인 논밭상점을 운영하고, 가끔 팝업 논밭상점을 연다. 논밭상점을 열게 된 건 순전히 불안 때문이었다. 농사짓기 전, 가장 큰 걱정은 판로였다. 어떤 농사를 지을 거냐는 질문에는 늘 팔 수 있는 걸 지을 테니 팔아 달라고 농담 반 진담 반으로 답했다.

내 주위의 평생 농사로 먹고산, 농사 베테랑들도 판로가 늘 문제였다. 계약 재배를 해도 구두 계약이고, 일방적으로 파기당해도 말 못 하고, 출하가 다 되고 나서 자기 농산물 가격이 낮았다는 걸 알게 되고, 갈아엎고, 적채되고. 농사를 짓겠다고 마음먹은 게 가을이니까, 봄까지 12월, 1월, 2월 3개월 동안 나름의 판로를 만든 게 논밭상점이었다. 농사를 시작하기 전에 판매 시스템을 구축한 셈이다.

농장 이름을 새로 짓거나 나나 우리 가족의 주 품목 이름을

논밭상점은 농민들이 함께 돌보는 작은 상점이다.
시골 너른 들에 있는, 농민들과 채소를 사고 싶은 사람들이
자주 드나드는, 아주 작은 가게.

붙이지 않은 건, 이웃들의 농산물이나 새로운 시도들을 담아낼 여지를 만들기 위해서였다. 내가 하는 친환경 농업은 땅속 미생물을 살리는 데 그치는 게 아니라 주변 이들과도 더불어 잘 살아야 한다고 여기기 때문이다. 산골이었다면 '숲상점', 바닷가였다면 '바다상점'이었겠지만, 농사짓기로 한 곳은 너른 논밭이 있는 곳이라 그냥 '논밭상점'이 되었다.

처음에는 가족의 도움을 받으며 농사를 지었는데, 요즘은 같이 농사를 짓고 같이 논밭상점을 돌보는 동료가 생겼다. 우리는 유기농 허브와 제철 채소 농사를 짓고, 논밭상점을 통해 팔면서, 동시에 다른 농민들과 연대한다.

다른 농민들의 농산물이 1년에 한두 번 만날 수 있는 계절 채소라면, 우리는 우리가 농사짓는 허브와 특수 채소를 연중 공급한다. 서로의 품목 덕분에, 다양한 소비자가 유입되고 판매 시너지가 발생한다.

논밭상점은 일종의 새로운 판이다. 새로운 시도를 해 볼 수 있는 판, 새로운 판로를 만들 수 있는 판 같은 것. 언제부턴가 새 판로를 찾는 이웃들이 많이 찾아오신다. 내 농산물도, 우리 가족 농산물도 판매하는 게 버겁지만, 힘닿는 한 함께한다.

이때 농민들에게 꼭 안내하는 건 논밭상점 기준이다.

논밭상점은 유통으로 돈을 벌지 않습니다.

농민, 상점, 소비자가 서로를 신뢰할 수 있는 콘텐츠를 만듭니다.
그리고 건강한 물품을 팝니다.

가장 중요한 것은 고정된 틀에 갇히지 않고, 좋은 삶과 좋은 농업을 위해 고민하고 행동하는 것입니다. 필요하다면 향후에는 유통에 집중할 수도 있고, 친환경 물품을 고집하지 않게 될 수도 있다고 생각합니다.

농민과 같이 '콜라보' 할 때, 논밭상점 시스템은 우리가 농사짓는 사람으로서 평소 누리고 싶은 권리를 담는다. 그중 첫 번째는 '퉁치지' 않는 것이다. 역할 분담, 비용, 정산일 등을 담은 계약서를 쓰고, 이행한다. 이행 후 평가 회의를 통해 성과와 보완 사항을 치열하게 다룬다. 두 번째, 생산비는 농민이 정한다. '구멍가게에서 뭘 그렇게까지', '일정 수매해서 팔지'라고 생각하실 수도 있겠지만, 이 과정이 서로에게 큰 훈련이라고 생각한다.

논밭상점은 직거래를 시도할 수 있는 판이다. 우리는 농민이 직접 자신의 콘텐츠를 만들 수 있도록 지원한다. 디자인도, 브랜딩도, 사이트도 직접 자신들이 가능한 만큼만 하시라고 조언한다. 외주는 결국 또다시 외주를 낳아 고비용이 발생할 것이라 생각하기 때문이다.

그동안 함께 작업한 몇 분을 소개한다.

옥분언니의 봄나물 보따리

지천에 깔린 좋은 나물을 나눠 먹고 싶었던 동네 언니들의 프로젝트. 언니들은 나물을 캐는 시간, 다듬는 시간, 포장하는 시간을 계산해 판매가를 직접 정한다. 그때그때 나오는 나물 세 가지로 꾸러미를 만들기도 하고, 대표 봄나물은 단품으로 판매한다. 우리는 앞으로 농한기마다 동네 언니들이 가장 잘하는 일로 소득 향상 프로젝트를 진행할 예정이다.

멘토멘티 프로젝트 토마토편

생산성도 낮고, 소비자에게 어필할 수 있는 인증을 받기도 어려운 1년 차 초보 농민들의 농산물은 어디로 가야 할까? 지역 조합에 들어가서 활동하면, 언젠가 내 농산물도 팔아 줄지 모른다. 그렇지만 이것도 작은 파이를 다른 농민들이 나눠 줘야 가능한 일이다. 그래서 멘토멘티 프로젝트를 시작했다.
1년 차 농민의 토마토와 그의 멘토 토마토를 함께 판매하는 방식. 그동안 멘토가 멘티 농장 생산 관리를 해 왔기 때문에 가능한 일이었다. 이 두 분의 토마토는 맛이 좋아 금세 완판되었고, 그 힘으로 다른 농가에서 적재되는 토마토도 완판할 수 있었다. 앞으로 멘토멘티 프로젝트 쌈채편, 아욱편 같은 작업도 해 볼 수 있으리라 기대한다.

청년 여성 농민 꾸러미 - 마녀의 계절

청년 여성 농민들의 꾸러미, 마녀의 계절도 같은 맥락의 사업이다. 다만 다른 점은 다품종 소량 생산으로, 자신의 농산물이 언제 얼마만큼 생산될지 감을 못 잡는 데 있다. 그래서 시작한 게 꾸러미이다. 당장 소득 창출을 기대하기보다는, 다품종 소량 생산 초보 농민이 판매를 시도한다는 데 의의를 둔 작업이다. 첫해(2019년) 이 사업은 경제적 마진보다는 정서

옥분언니의 봄나물 보따리.
지천에 깔린 좋은 나물을 나눠 먹고 싶었던
동네 언니들의 프로젝트이다.

적 마진이 크게 남았다. 직접 판매를 시도해 보면서, 비슷한 영농을 하는 또래 여성 농민들과 함께 경험을 쌓고, 소비자의 피드백을 듣고, 앞으로 내가 내 농산물을 어떻게 판매하면 좋을까에 대한 감을 잡는 시간이었다. 둘째 해인 올해 목표가 있다면 경제적 마진이 남을 수 있도록 지원하는 일이다.

중수비영농조합 단골쌀집

생산, 도정, 유통 기반이 갖춰져 있지만, 당장 판매에 대해 막막해하던 중수비영농조합과의 작업도 마찬가지였다. 몇 차례 회의를 통해 조합이 지금 당장, 스스로 해낼 수 있는 것을 찾고, 논밭상점을 통해 단기적인 판매 성과를 낼 수 있도록 지원했다. 이제 이곳은 자체 채널을 만들어 판매한다.

요즘은, 논밭상점이 빨리빨리 좀 커서 우리 것 좀 다 팔아 달라는 이야기를 많이 듣는다. 어서 전국으로 뻗어 가야지, 라는 이야기도 많다. 그런데 그렇게 되면 난 농사를 접게 될 테고, 그만큼 논밭상점 수수료는 높아질 거라 말씀드린다. 물류센터까지 두고, 일일이 소포장해서 한 상자에 담아 보내며 수수료를 넉넉히 챙기는 일. 나라고 왜 하고 싶지 않을까. 하지만 그렇게 되면 더욱 농사와 거리를 두고, 유통에 전념하게 될 것이다. 나는 논밭상점이 전문 유통 업체가 아니라 농사짓는 사람들의 상점이길 바란다.

매월 시골의
따뜻한 순간을 담는 논밭보따리

나는 논밭상점이, 우리 이름으로 뻗어 가기보다는, 다른 마을에도 우리 같은 곳이 생기면 좋겠다. 판로가 막힌 농민들이 찾아올 수 있는 곳, 농민들의 새로운 시도를 담아낼 수 있는 비빌 언덕 같은 곳 말이다. 그래서 앞으로 논밭상점은 반경 10km에 집중하고자 한다. 서로가, 서로를 잘 아는 거리. 하우스 문을 잘 열었는지 아는 사이에 있는 농민들과 더욱 진하게 연대하고자 한다.

농사를 짓는다는 건 내년에도 같은 곳에서 같은 삶을 살겠다는 의지라고 여긴 나는, 봄에 먹을 걸 겨울 밭에 심어 본 적이 없다. 책임지는 게 두려워 하루살이로 살던 내가 이제는 7년 거치 5년 상환으로 몇천만 원짜리 농지를 사고 하우스를 지어 농민으로 살아간다. 한 번도 만져 보지 못한 돈을 빚을 져 투자해 기반을 만들었기에, 전보다 길게 보며 일하는 건 맞다. 하지만 이 생활을 평생 이어 가리란 다짐은 하지 않는다. 덜 분노하고 더 사랑하며 살겠다는 마음, 하지만 부당한 일에 대해서는 용기를 내 표현하겠다는 다짐, 내 세계를 넓힐 수 있는 일이 생기면 놓치지 않겠다는 욕심 정도만 있을 뿐이다.

논밭상점은 전문 유통 업체가 아니라 농사짓는 사람들의 상점이길 바란다. 서로가 서로를 잘 아는 거리, 오늘 하우스 문을 잘 열었는지 알 수 있는 거리에 있고 싶다.

당신은 나를 싫어할지 모르지만,
나는 당신에게도 더 나은 세상을 만들 것입니다

| 학교로부터 도망쳐 나온 뒤, 세상을 바꾸기로 결심했다 |

강민진(쥬리) contact.minjin@gmail.com

정의당 대변인.

강아지 바람이의 집사.

국회에만 오면 가슴이 답답하다는 분들도 계시지만, 저는 국회 건물을 좋아합니다. 건축미가 뛰어나서는 아닙니다. 서로 다른 가치관과 이해관계가 표출되고 대결하는 열기가 서려 있는 공간이기 때문입니다. 사회의 모습을 규정하는 제도가 만들어지는 바로 그 현장이라는 점이 가슴을 뛰게 합니다. 그런 공간이기에, 더 많은 시민들과 더 다양한 생각들이 자유롭게 드나드는 곳이 되어야 한다는 바람을 품게 됩니다.

매일 아침 국회로 출근한 지 이제 4개월여가 지났습니다. 이 글을 쓰는 시점은 2020년 4월 15일 총선을 앞둔 한밤중입니다. 정의당의 초보 대변인으로서 21대 총선을 치르게 되었습니다. 이번 총선은 거대 양당이 하청 조직이나 다름없는 비례 위성 정당을 창당해 지역구는 이 이름으로, 정당 투표는 저 이름으로 뽑아달라 호소하는 황당한 선거가 되었습니다. 하지만 한편으로 만 18세 청소년이 유권자로 참여하는 대한민국 역사상 첫 선거이기도 합니다. 21대 국회는 더 다양한 시민들을 대변하는 국회로 구성되기를, 그리하여 서로 다른 생각과 이해관계가 좀 더 공정하게 맞붙을 수 있는 장이 열리길 간절히 소망하고 있습니다.

학교를 나온 뒤 사회를 함께 바꾸자는 이들을 만나다

한때 "무슨 일 하세요?", "넌 앞으로 뭐 할 거니?"라는 질문이 싫었습니다. 세상을 바꾸고 싶고, 그러기 위한 일을 하고 있다는 답변은 속으로 삼키곤 했습니다. '이상한 애', '현실 모르는 애' 취급을 하는 반응에 일찍부터 이골이 난 상태였습니다.

"왜 학교를 자퇴했나요?"
자퇴한 지 10년째 되는 지금까지 수도 없이 받았던 질문입니다.
"더 이상 맞기 싫어서요."
가장 간편하게 할 수 있는 대답이었습니다.

제가 다녔던 울산의 중학교 1학년 교실에서는 매일, 하루에도 몇 번씩 체벌이 일어났었습니다. 지각을 한 학생은 예외 없이 체벌 대상이 됐는데, 학교에 가는 게 지독히 싫었던 저는 아침에 일어날 의욕이 없었고 늦잠을 자주 자서 거의 매일 매를 맞았습니다. 수업 시간, 선생님이 한 질문에 답을 못 한 학생은 체벌을 당했습니다. 교과서나 준비물을 안 들고 온 학생도, 두발 규정이

나 복장 규정을 어긴 학생도 매를 피할 수 없었습니다.

하루는 수업 시간 45분 중 몇 분이 학생 체벌에 소요되는지 시간을 재어 보기도 했습니다. 반 학생 전원을 책상 위에 올라가게 해 무릎을 꿇리고 벌을 세우느라 수업의 반절 이상이 날아가는 날도 있었습니다.

저는 맞는 것보다 엎드려뻗쳐가 더 싫었습니다. 바닥에 엎드려, 엉덩이는 수치스럽게 치켜들고, 머리를 바닥에 박고, 그 앞에서 위협적으로 발걸음을 옮기는 선생의 신발을 쳐다보아야 하는 일이었습니다. 오래 지나지 않아도 얼굴은 피가 몰려 붉어지고 귀의 고막은 터질 듯 팽팽해졌습니다. 금방이라도 쓰러질 듯 했지만 일어나도 된다는 허락이 있을 때까지는 꼼짝할 수 없었습니다. 그것이 학생의 신분이었고, 저의 처지였습니다. 내 몸의 주권이 나에게 있지 않다는 것을 여실히 깨닫는 나날이었습니다. 매를 맞아 아픈 건, 나의 몸조차 내 것이 아니라는 무력감에 비하면 아무것도 아니었습니다.

학교를 자퇴한 뒤, 더 이상 엎드려뻗쳐 따위나 누군가 나를 때리도록 가만히 몸을 대 주도록 강요받는 일은 없었습니다. 하지만 자유를 찾았다는 행복감은 잠시였고, 또다시 무력감이 몰려들었습니다. 저는 도망자였을 뿐, 제가 학교를 나온 것 외에는 세상 모든 것이 그대로였습니다. 그리고 저는 혼자였습니다. 당시에는 학교 밖 청소년 지원 체계가 지금처럼 갖춰져 있지 않았고, 저

청소년이 배제되는 공직 선거의 문제점을 드러내기 위해 2018년 "기호 0번 교육감 후보 '청소년'" 가상 출마 캠페인을 진행했다.

는 딱히 갈 곳이 없었습니다.

　열여섯의 나이에 진보 정당의 당원이 되고 사회운동에 참여하게 된 건 그 무력감과 외로움 때문이었습니다. 학교에 다니지 않는 청소년을 이상한 존재로 보지 않는 공간, 학교의 폭력성에 대한 분노에 공감할 사람들을 만났던 건 행운이었고, 어쩌면 운명이었습니다. 익사 직전 구출돼서 있는 힘껏 산소를 들이키는 사람처럼, 저는 입과 귀를 활짝 열었습니다.

　이 사회를 함께 바꾸자는 이들의 메시지는 심장을 쿵쾅거리게 했습니다. 얼굴도 이름도 모르는 사람들의 부정의한 죽음이 비로소 내 삶의 문제로 다가와 피를 끓게 했습니다. 우리가 사는 세상의 추악함을 알게 될수록, 내가 맞서 싸우고자 하는 것의 크기가 결코 작지 않음을 깨닫게 됐습니다. 그리고 동시에 반드시 바꿔내야 한다는 절박감과, 단지 절박감만을 근거로 한 희망도 커져 갔습니다. '이렇게까지 잘못된 세상이, 그대로 계속 유지될 수는 없잖아?' 그런 자신감이었습니다.

언제나 설명해야 할 게 많은 삶

　소수자로 산다는 건 언제나 질문을 받는 일입니다. 설명해야 할 것이 몇 배나 더 많아지는 삶이기도 합니다. 받게 되는 질문들은 종종 적대적이고, 내가 왜 이렇게 살고 있는지 설명하고 있노라면 코너에 몰린 채 일방적으로 평가받는 느낌이 들기도 합니다.

끝없는 설명에도 돌아오는 것은 소외와 경멸, 그리고 '평가'라는 사실에 지쳐 갈 때쯤, 설명하는 대신 침묵을 택했던 시절이 있었습니다. 나는 누구인지, 무슨 생각을 하고 무엇을 하며 사는지, 솔직하게 말하지 않고 얼버무리는 습관을 들였던 것 같습니다.

사회운동에 참여하게 된 이유를 묻는 질문을 여러 사람으로부터 숱하게 받았습니다만, 사실 시작의 이유는 거창한 신념이 아니라 '내가 어떤 사람인지 대충 둘러대지 않아도 되는 관계'에 대한 갈증이었습니다. 나의 정체성이나 이력에 대해 특별한 취급을 하지 않는 사회운동 활동가들 사이에서만 안전하고 안온할 수 있었던 것입니다.

그런데 이제는 그 울타리를 넘어가야 할 때가 와 버렸습니다. 내 이야길 들어 주려는 사람뿐 아니라, 듣지 않으려는 사람에게도 말을 건네고 싶어졌습니다. 어떻게 하면 말을 잘 건넬 수 있을지 고민하게 됐습니다. 지금은 제 삶의 전환기이고, 저는 '말하는 법'을 새롭게 배우고 있습니다.

저들이 말하는 국민 중에 너와 나는 간데없고……

정치인들은 '존경하는 국민 여러분'으로 연설을 시작하며 '국민을 위한 정치'를 약속하지만, 막상 많은 국민들은 '저들이 말하는 국민 중에 나는 없다'고 말합니다. 저부터도 스스로를 '저들'이 존경한다 말하는 국민의 일원이라 느껴 본 적이 없었습니다.

"성소수자의 권리 보장은 '국민적 합의'가 필요하다"는 말에서 성소수자는 국민으로부터 배제되고, "노조가 나라 경제를 망치고 있다"는 말에 노동자의 생계는 나라 경제로부터 추방되곤 합니다. 대통령이 '국민 여러분'을 외쳤을 때 뒤돌아볼 수 있는 사람들도 있기는 있을 것입니다. 하지만 적어도 저와 제 주변 사람들은 그런 특권을 누려 보지 못했던 것 같습니다.

정치인들에게 품었던 '내가 국민인가' 하는 의문은 '내가 저들이 말하는 청년일 수 있는가' 하는 물음으로 이어졌습니다. 작년 여름, 정의당의 '청년대변인'*직을 맡아 보겠냐는 제안을 받은 뒤 했던 고민이었습니다. 나이는 20대 청년이긴 하지만, 스스로를 '청년 세대'의 일원으로 자각해 본 적이 별로 없었습니다. 정치권

---

* '청년대변인'으로 임명됐지만, 이후 '청년' 자는 떼고 그냥 '대변인'으로 활동하고 있다. '청년' 자가 붙었다는 이유로 청년 사안만 다룬다고 여겨지거나, 동등한 대변인 직급이 아니라는 오해를 받는 등의 부작용이 있었기 때문이다.

박근혜 퇴진 촛불 1주년을 맞아 열린 집회에서,
청소년 당사자가 발언할 동안 뒤에서
피켓을 들고 있는 역할로 무대에 올랐다.

에서 말하는 청년 정책은 나를 위한 정책이 아니라고 생각했고, 기존의 청년 정치인들도 나를 대변하는 이들이라 별로 느끼지 못했습니다.

무엇보다 저는, '청년'이라고 하면 정치권에서 주로 이야기하는 청년 서사, 즉 '청소년기에 죽어라 입시 경쟁을 해서 대학에 간 후 학점 경쟁과 스펙 경쟁을 하고 난 뒤에도 정규직 취업을 못 해서 공무원 시험을 생각하는' 청년상에 들어맞는 사람이 아니었기 때문입니다. 중학교 때 학교를 자발적으로 때려치우고, 스무 살 넘어 대학에 가긴 했지만 수업을 듣고 공부한 시간보다 사회운동에 참여한 시간이 길었으며, 기업에 취직하거나 공무원 시험을 볼 생각은 해 본 적도 없었습니다. 이런 나도 청년을 대변할 수 있을까, 고민하게 된 이유였습니다.

그런 걱정과 고민에도 불구하고 대변인 일을 시작하게 된 이유는, 누군가 해 준 이야기 때문이었습니다. "세상에 너 같은 청년도 있다는 걸 알려야지. 너를 통해 희망을 품을 사람들이 있어." 듣고 보니 맞는 말이라고 생각했습니다. 두려움에 숨지 말고 내 입으로 스스로의 목소리를 내 보자고 각오했습니다. 내 목소리를 들을 사람들, 나로 인해 변화될 사람들이 있을 거라는 기대를 걸어 보기로 했습니다. 임명식 날 당 대표는 저의 '중학교 자퇴' 이력을 소개했고, 저는 "기존의 청년 담론에서 소외된 청년과 청소년들을 대변하겠다"고 약속했습니다.

아직 정치는 많은 사람들에게 맞서 싸워 극복해야 할 대상으로 여겨집니다. 하지만 스스로가 정치의 주체가 되어 정치를 통해 사회를 바꾸고자 도전하는 사람들도 있습니다. 그 사람들의 뜻이 한데 모여 진보 정당이 되었습니다. 저는 정치권을 대상으로 맞서 싸우는 사람이었지만, 이제는 다른 정치를 만들고자 하는 일원이 되었습니다. 정치의 과정에는 우선순위를 매겨 자원을 분배하는 결정이 따를 수밖에 없지만, 기성의 우선순위를 거부하고 다른 기준과 질서를 만들어 가는 데 흔들림이 없고자 다짐하고 또 다짐하는 나날입니다.

정치, 뜻밖의 제안, 하지만 필연이었을지도

2년 전 이맘때였습니다. 저와 몇몇 활동가들이 당시 자유한국당사 1층에서 진행된 '사회주의개헌저지투쟁본부' 현판식 행사에 '난입'해 기습 시위를 벌였습니다. 우리의 요구는 선거 연령 하향에 대한 자유한국당의 반대 철회였습니다. 저는 "홍준표 대표님, 청소년들의 목소리를 들어 주십시오"라고 외치며 피켓을 들었고 당 관계자는 저를 저지하며 바닥에 쓰러트렸습니다. 당시 제가 함께하는 단체에서는 자유한국당의 국회 보이콧으로 인해 굳게 닫힌 국회의 문을 바라보며, 지방 선거 전 선거 연령 하향 법 통

2019년 1월 29일, 선거권·피선거권 연령 하향 촉구
자유한국당 112인 의원 소환 시위에서

과를 위해 국회 앞에서 거리 농성을 하고 있었던 때였습니다. 그리고 결국 우리는 선거 연령 하향 법의 통과를 보지 못한 채 농성을 접어야 했습니다.

그러나 '19금 선거권'의 장벽을 부수어 내기 위한 운동은 계속되었습니다. 청소년인권단체뿐 아니라 다양한 시민사회단체들이 선거 연령 하향 운동의 주체로 나섰고 수많은 청소년들이 각자의 자리에서 목소리를 냈습니다. 그리하여 결국, 제가 자유한국당 당사에 난입했던 날로부터 약 1년 뒤, 선거 연령 하향 법안을 포함한 선거법 개정안이 '신속 처리 안건'으로 지정되었습니다. 정의당 소속의 심상정 당시 정개특위 위원장이 이 결정을 알리며 의사봉을 두드리던 장면의 전율을 잊을 수가 없습니다.*

'더러운 정치로부터 아이들을 보호해야 한다'며 선거 연령 하향을 반대하는 이들을 향해, "정치는 '우리'의 문제를 함께 해결하는 일이며, 정치에 참여할 권리는 이 사회에서 노예나 투명인간이 아닌 인간으로 살아갈 권리"라는 이야기를 수도 없이 해 왔습니다. '청소년은 미성숙하므로 참정권을 누릴 자격이 없다'는 이들에게는, "누구나 정치를 할 수 있어야 진정한 민주주의이며,

---

* 신속 처리 안건으로 지정되었다고 해서 바로 통과가 되는 것은 아니다. 하지만 상임위 심사 → 법사위 심사 → 본회의 회부라는 법안 처리 절차의 시한을 명시함으로써, 해당 법안을 반드시 국회가 심의, 의결해야 한다는 강제성이 부여되는 조치이다. 따라서 신속 처리 안건으로 지정되면 통과 가능성도 훨씬 커지는 셈이다.

누군가 정치로부터 배제된다면 그건 가짜 민주주의"라고 외쳤습니다. 정치에 참여하는 데 자격 조건이란 없어야 한다는 것, 그리고 그간 정치할 수 없는 사람이라고 여겨졌던 이들이 정치에 참여할수록 우리 사회가 더 나아질 수 있다는 것이 제가 가진 신념이기 때문입니다.

누구나 정치를 할 수 있는 사회를 만들어야 한다고 청소년참정권운동에 몸담았던 제가, 결국 스스로 정당 정치의 일원이 되었습니다. 별다른 스펙도, 가진 기술도 없어 나이는 먹는데 취업은 할 수 있을까 돈은 어떻게 벌어야 하나 전전긍긍하던 제가 정치의 일원이 된 건 스스로도 조금은 신기하지만, '누구나 정치'하는 민주주의의 원칙에 따르면 이상한 일도 아닙니다. '우리의 목소리를 들어 달라' 요구하던 위치에서, 우리의 운명을 바꾸기 위해 힘을 모으자고 제안하는 위치로의 이동이 저로서는 힘과 용기를 얻게 되는 계기였습니다. '제도권 정치'는 누구나 접근 가능한 것이어야 하고, 누구든 그 일원이 되고 주체가 될 수 있는 것이어야 합니다. 제가 누린 정치 참여의 기회가 더 많은 사람들에게도 주어졌으면, '나도 정치를 해 볼까' 하는 생각을 평범한 사람들 누구나 할 수 있는 사회가 되었으면 좋겠습니다.

2019년 여름, 청와대 앞에서
학생회 법제화 약속을 이행하라고 요구하는
기자 회견의 사회자로 마이크를 잡았다.

일자리와 생계, 아직 풀지 못한 난제

일자리와 생계는 제겐 아직도 풀지 못한 난제입니다. 스무 살 이후부터 몇 년을 머리 싸매고 고민했는데 답이 잘 나오지 않습니다. 일반적으로 일자리를 월급과 고용 안정성의 문제로만 생각하곤 하지만, 사람은 의식주만으로 살아갈 수 있는 존재가 아닙니다. 일자리는 단순히 돈 버는 자리가 아니라, 이 사회 속에 내가 있을 자리이기 때문입니다. 일을 통해 전문가가 되고, 인정과 존중을 받고, 자신의 목소리를 가질 수 있어야 그게 진짜 일자리입니다. 하지만 그런 일자리를 찾는 것이 쉬운 일은 아닙니다.

내가 하고 싶은 일은 세상을 바꾸는 일인데, 제가 참여했던 운동은 활동가에게 일정 정도의 생계비를 줄 수 있는 상황이 아니었습니다. 피해자 지원과 사업 실무 등을 하면서 한 달에 15만 원을 받은 적도 있고, 40만 원을 받은 적도 있습니다. 그나마도 다행으로 여겨야 하는 상황이었고, 아예 못 받는 동료들도 많았습니다. 최저 임금만큼의 월급을 받는 상근자를 둘 수 있는 새로운 단체를 만들자고 몇몇이 의기투합해 어느 재단의 단체 인큐베이팅 프로젝트에 지원한 적도 있었지만 선정되지 못했습니다.

식당과 술집 알바, 녹취 풀기 알바, 미술 모델 알바 등 여러 알바를 전전했습니다. 시급은 짰고, 돈은 허투루 벌리지 않았습

2019년 11월, 선거 연령 하향과
선거 제도 개혁을 위한 집회에 참여했다.

니다. 알바를 하고 나면 조그만 것 하나를 사려 해도 이게 내 몇 시간만큼의 금액인지를 절로 계산하게 됐습니다. 월급을 준다는 이유로 존엄성까지 갉아먹으려는 '사장님'들 때문에 울음을 삼키며 일하기도 했습니다.

최저 임금 알바로 생활 임금 수준을 벌기 위해선 하루하루를 꼬박 바쳐야 했습니다. 체력이 문제였습니다. 8시간쯤 소위 '육체노동'을 하고 나면 도저히 다른 걸 추가로 할 기운이 나지 않았습니다. 하고 싶은 일을 하면 돈을 벌 수가 없고, 돈을 벌려면 하고 싶은 일을 할 수가 없는 딜레마였습니다. 고된 알바도 잠시 동안이라는 확신이 있다면 버틸 힘이 났을 것입니다. 하지만 언제까지고 이렇게 살아야 할지, 이렇게'라도' 계속 살 수 있을지 알 수 없었습니다. 미래에 대한 불안이 숨을 조이는 것처럼 느껴지곤 했습니다.

어느 날 사주를 봤는데, 돈 버는 운은 없다고 했습니다. 사주팔자를 신봉하는 건 아니지만 그 예언은 사실일 듯합니다. 재미있다고 느끼지 못하거나 스스로 의미 부여가 안 되면 일이 손에 잡히지 않는 성격 탓도 있을 것입니다.

생계와 전망 문제를 어떻게 풀어야 할지, 아직 정답은 잘 모릅니다. 하지만 몇 가지 결심한 게 있습니다.

첫째는 내가 하고 싶은 일을 하며 살아가기 위해 최대한 버티

누구나 정치를 할 수 있는 사회를 만들어야 한다고
청소년참정권운동에 몸담았던 내가,
결국 스스로 정당 정치의 일원이 되었다.
정의당 대변인 활동 모습.

겠다는 것입니다.

둘째는 세상을 더 나쁘게 만드는 일에는 종사하지 않겠다는 것입니다.

셋째는 어떤 형태로든, 세상을 바꾸는 정치적 시민으로서의 삶을 포기하지 않겠다는 것입니다.

어쨌든 행복하게 살고 싶습니다. 그리고 다른 이들과 함께 행복하고 싶습니다. 세상에서 가장 사랑스러운, 우리 집 강아지가 행복하게 살 수 있는 세상을 만들고 싶습니다.

학교를 자퇴하고 나서, 자유의 기쁨을 맛보았습니다. 사회운동을 하면서는 내가 '도망'과 '순응'의 선택지를 벗어나 불의에 맞서 싸우고 변화를 만들 수 있는 주체라는 점을 알게 됐습니다. 그리고 정의당의 대변인으로 역할을 하면서, 모든 시민은 세상을 변화시키기 위한 힘을 만들 수 있는 정치적 주체이며, 세상은 정말로 바뀔 수 있다는 믿음이 강해졌습니다.

저나 저의 활동과 관련해 기사가 나면 '악플'을 읽어 보곤 합니다. 억울하기도 하고 화가 나기도 하지만, 그들에게 이런 말을 해 주는 상상을 하면서 마음을 다잡습니다.

"당신은 나를 싫어할지 모르지만, 나는 당신에게도 더 나은 세상을 만들 것입니다."

세상을 환멸하지 않고 미래를 비관하지 않으며 인간에 대한 애정과 신뢰를 잃지 않겠다고 다짐합니다. 세상은 바뀔 거라고 믿고, 앞으로도 그렇게 믿을 것입니다. 함께 믿으면 좋겠습니다, 당신도요.

사람을 움직이는 메시지의 힘

| '자격' 없는 이들이 만든 미디어 스타트업 창업기 |

조소담 showdam@dotface.kr

이야기하는 사람 썸머입니다. 세상을 애정하고, 분노할 힘이 아직 제게 많이 남아 있습니다. 닷페이스라는 미디어 스타트업을 키워 가고 있습니다.

얼마 전 누군가 나를 이렇게 소개해 준 일이 있었다.

"창업한 지 햇수로 5년 차인, 닷페이스 미디어의 대표 조소담 씨입니다."

'벌써 그렇게 됐다고?' 남 일인 듯 속으로 놀랐다. 대표라는 호칭은 아직도 가끔 낯설게 느껴져 농담 같다. 나는 양말도 제대로 안 신은 맨발로 (5개월째 방치 중인) 구멍 난 운동화를 신고 돌아다닌다. 예전에 팀원들은 나를 대장이라고 불렀다. 2015년 겨울, 처음 팀을 모아 대장이 되었고, 2016년엔 법인 인감을 팠다. 인감 파는 과정을 인스타 라이브로 중계했다. 우리 손으로 회사를 만들어 가는 한 단계, 한 단계가 신기한 일이었다.

닷페이스는 2016년 서울 퀴어문화축제에서 성소수자 부모모임의 프리허그 영상을 보도하면서 처음으로 많은 사람들에게 알려지게 되었다. 2분 내외의 영상이었다. 당시만 해도, 우리는 각자 다른 일을 겸하면서, 프로젝트 팀처럼 일을 하고 있었다. 그날 축제 취재가 끝나고 찍은 단체 사진은 내가 자주 다시 들여다보는 사진 중 하나다. 카페에서 영상을 보면서 울면서 같이 편집을

닷페이스라는 브랜드의 색깔이 잡혀 가면서
사람들은 우리를 '그 보라색 미디어'라고 부르기 시작했다.
세월호 희생자들을 기리는 뜻에서
닷페이스의 CI에 추모 리본을 달았다.

하고, 우리가 '한 팀'이란 기분을 처음 느꼈다. 그 이후 우리 브랜드의 색깔을 잡으면서, '그 보라색 미디어'란 말로 우리를 부르는 사람들이 생기기 시작했다. 닷페이스는 변화가 필요한 지점dot을 사람들이 직면face할 수 있도록 해 왔다. 그 일을 잘 해내기 위해 창업 시점부터 지금까지 고군분투하고 있다.

불확실성을 선택하고 감당하는 일

사람마다 가치의 우선순위가 있을 텐데, 내 경우엔 '자율성'이 지금은 가장 윗단에 가 있다. 자율성이란 내가 원하는 환경을 선택하고, 그 안에서 살아갈 수 있다는 감각이다. 나는 고등학교 자퇴를 선택한 때, 그 감각을 처음 제대로 알게 되었던 것 같다.

자퇴는 나에게 의외의 선택지였다. 내가 그럴 줄 나는 몰랐다. 하나의 선택이 다른 선택으로 꼬리에 꼬리를 물어 자퇴를 선택하게 됐다. 그렇게 극적인 일이 될 이유가 사실 없었다고 생각하는데, 그 당시 느낌으론 아주 큰일이었다. 어느 날 1교시 가정 시간에 선생님이 들어와서 복장 검사를 했다. 하복 상의가 꽉 낀다 싶은 여학생들 십여 명을 불러서 교탁 앞에 줄 세웠다. 선생님은 상의 단추를 풀고 볼펜으로 교복에 점을 찍었다. 꽉 끼는 교복이야하게 보이니 점 위치에 맞춰 단추를 다시 달아 오라고 했다. 내 기억으로는, 내가 그 줄에 서 있던 마지막 학생이었다. 당시 나는 한창 입맛이 좋았고, 잘 먹어서 살이 올랐었다. 내 교복 상의를 풀려다가 내 표정을 보고 선생님은 '얼굴이 왜 그러냐'고 면박을 주었던 것 같은데, 나는 불쾌감의 정체를 정확히 몰랐다. 그래서 40여 명이 보는 앞에서 교사가 내 교복 단추를 푸는데 일단 가만히 있었다.

 지금 생각해 보면, 그게 교사의 권위를 망치는 일이었다는 걸 확실히 알겠다. 쉬는 시간에 '수치스러웠다'며 엎드려 울던 친구를 보고, 나는 내 불쾌감을 천천히, 명확하게 알아차렸다. 1교시에 일어난 일을 두고 6교시까지 곰곰이 고민을 하다가, 교무실에 올라가 선생님에게 불쾌감을 느낀 친구와 반 전체에게 사과하시라는 요구를 했다. '이러이러한 행동을 하신 것에, 이러이러한 불쾌감과 수치심을 느낀 사람들이 있습니다. 사과를 하셔야겠습니다.' 그 이후 일어난 많은 일들이 내 예상 밖이었다. 나는 사과를 요구하는 일이 곧 싸움이 될 수 있다는 걸 사실 몰랐고, 그 모든 과정을 감수할 각오를 하고 교무실에 올라간 건 아니었다. 이런 갈등은 작게 시작해서, 여러 말이 얹히고, 여러 사람이 얽히고, 각각의 이해관계로 반목하고 뒷말을 하면서 커진다. 몇 개월 동안 교실 안의 힘 씨름이 이어졌다. 나는 내가 원한 것이 너무나 단순하고 명료했기 때문에 포기할 수가 없었다. 사과를 받고 싶었다. 사과를 받는다는 건 내가 '납득할 수 있는' 현실 속에 살기 위해 필요한 일이었다.

 선생님과의 갈등 자체에 지치기도 했지만, 나중엔 주변의 외면을 받는 일이 더 힘들었다. '왜 저렇게까지 해?' 아마 그 당시 상황을 내가 아닌 다른 사람의 시점에서 보면 그렇게 비장할 필요가 없는 일이었을 수 있다. 나는 억울하기도 했다. 내가 옹고집 쌈닭이 아니라 정당한 이유가 있는 일을 일관성 있게 요구하고 있을 뿐이란 걸 항변하고 싶었다. 점점 나는 문제를 제기할 자격 자체를 의심받을까 두려워졌다. 그래서 예의 바르게, 한편으론 계산적으로, 흠 잡히지 않을 방식으로 항의했다. 그러다 점점, 왜 내가 이 힘겨루기를 하고 있는가 하는 생각이 들었다. 내가 변해 가고 있었다. 내가 원치 않는 다른 사람이 되어 가는 기분이었다. 그걸 느끼니, 모두 멈추고 싶었다. 그런데 학교 안에서 멈춘다면, 나는 그에 맞게 또 변해야만 했다. 내가 환경에 스스로를 얼마나 잘 맞추는 사람인지 알기 때문에 나는 그곳을 선택하고 싶지 않았다. 나는 타협해서, 나를 위해 더 나은 환경을 선택했다. 그곳은 학교 밖이었다.

 자율성이란 말이 굉장히 자기 주도적인 말처럼 들리지만, 한편으로 나는 나를 정말 못 믿는 사람이다. 나는 나를 위해 적합한 환경을 선택하는 순간까지만 자기 주도적이다. 나를 위해 좋은 것이 무엇인지 스스로 알려고 노력한다. 그리고 그걸 내가 가

만히 있으려 해도 얻을 수밖에 없는 환경에 나를 놓는다. 그게 자율성을 갖는 방법이라고 생각했다.

여름 방학 방학식 날 자퇴서를 내고 나왔다. 내 인생의 키를 내가 쥐고 있다는 감각을 처음 느꼈지만, 역설적으로 그걸 얻을 자격이 스스로 없는 것 같아서 그 자격을 증명해야만 할 것 같아 그 후 2년 정도 괴로워했다. 내 인생에 처음으로 등장한 '불확실성'을 감당하는 일이 버거웠다. 특히, 내가 10대라는 이유로 나를 보호하며, 그 불확실성을 같이 감당해 주는 가족에게 미안함이 컸다. 그래서 죽은 듯이 공부를 하기로 했다. 보상이 될 거라고 생각했다. 재수 학원과 독서실에서 2년을 보냈다. 대학에 간다는 게 왜 '안정감'을 보장하는지는 알 수 없었는데, 내가 그 이유를 알아낼 필요가 없다고 스스로 일축해 버렸다. 그리고 그 안정감을 얻기 위해 달리는 모든 시간이 '불안' 속에 있었다. 즐거운 순간도 있었을 텐데, 항상 괴로웠다. 마음이 늘 미래에 있었고, 불안했고, 매일 스스로 한심하다고 생각했다.

내가 선택한 대로 살기 위해 '자격'을 갖춰야 한다는 생각은 지금도 종종 나를 괴롭힌다. 그 괴로움이 내가 원치 않는 곳으로 나를 이끌지 않도록, 불확실성을 잘 느끼고, 관리하는 것이 내게 필요하다고 생각한다. 불확실성을 감당하는 일. 그게 어쩌면 내 인생의 필수 요소가 아닐까 생각하는데, 그 불안을 잘 대하는 방법을 마련하기 위해 노력하고 있다.

자격 없이도 실행하기

대학교에 갔지만 전공에는 큰 흥미가 없었다. (심리학을 전공했다.) 글을 쓰고 연애하는 일에만 관심이 많았다. 타 학과 수업에서 친해진 친구가 있었는데, "언니, 글 잘 쓰니까 같이 이거 하자"고 꾀길래 첫 모임에 가게 되었다. 블로그 하나를 팔 건데, 일주일에 한 번씩 재미있는 글을 쓰면 된다고 했다. 약간 삐딱하고 재미있는 주제라면 뭐든 오케이라고 했다. 뚝딱뚝딱 홈페이지를 만들더니, 시청에 가서 언론사 등록을 했고, 점점 참여하는 사람이 늘어났고, 일이 커지면서 글로벌 취재 프로젝트까지 했다. 우리의 '핏fit'하지 않은 목소리를 내자는 20대 미디어 〈미스핏츠 misfits〉였다.

처음엔 수업 시간에 심심할 때만 딴짓하며 글을 쓰다가, 나중에 정신 차려 보니 휴학계를 낸 후였다. 재밌었다. 너무너무. 내가 쓴 글 때문에 홈페이지 서버가 마비되기도 했다(서버 요금제가 최저가였다). 매체 하는 재미가 이런 거구나 싶었다. 같이 일한 사람들 모두가 약간 삐딱하고, 빠르게 배우고, 겁이 없었다. 우리는 남들이 운운하는 '미디어의 자격' 상관없이 우리가 하고 싶은 이야기를 했다. 그 이후 언론사 시험을 준비한 잠깐의 나날은 정말 힘들었다. 매체를 같이 직접 만들어서 해 보니까 자격시험을 견디기 위한 인내심이 사라졌다.

우리의 '핏fit'하지 않은 목소리를 내는
20대 미디어 〈미스핏츠misfits〉 시절.
매체 하는 재미를 처음 느꼈다.

언론사 입사를 준비한 그 기간 동안, 어느 신문사의 기자 교육 프로그램에서 보도 자료 쓰는 법도 배웠다. 방송사에서 뉴스 인터뷰 내용을 받아 적고 기록하는 스크립터로 잠깐 일하기도 했다. 방송 기자라니, 뭔가 멋있다고 생각했다. 뉴스 화면에 나오는 모자이크 처리가 된 뒷모습에는 크게 관심이 없었다. 내가 피해자 가족으로 인터뷰할 일이 있을 거란 생각도 해 본 적이 없었다. 그런데 그런 일이 생겼다. 피해 사실에 대해 설명하고, 호소하는 인터뷰. 그런 인터뷰의 대상이 우리 가족이, 내가 되었다.

화제가 되는 사건이 생겼을 때, 보도가 퍼져 나가는 순서가 있다. 일간지에 나오고, 8시 뉴스 등 뉴스 프로그램에서 취재를 한 후, 이후 끝물에 아침 시사 프로그램 또는 저녁 시간대 흥미성 시사 프로그램에 '재연' 화면과 함께 나오는 식이다. 물론 언론 보도로 도움을 받기도 했다. 하지만 그 과정에서 언론에 진절머리도 났다. 정파성에 의한 왜곡, 흥미 위주의 보도. 당사자가 되니 다르게 느껴졌다. 피해자의 이미지로 박제되는 경험을 했다. 이 산업 자체가, 이슈를 키워 갈 때 이야기의 당사지를 소외시키는 방향을 선택한다는 느낌을 받았다.

어떤 문제의 당사자이자, 가장 가까이에 있던 목격자. 그리고 왜 이런 일이 일어났는지 질문을 던지는 가장 절실한 학습자. 나는 처음으로 모자이크 된 뒷모습들을 다르게 바라보게 되었다.

당사자들이 단순히 슬프고 힘들고 비이성적인 사람들이 아니라고 항변하고 싶었다. 그리고 그런 모습을 담고 싶다는 생각이 들었다. 미디어가 담는 당사자의 모습이 무력하지 않았으면 좋겠고, 이 사람들을 대중에게 이해시키기 위해 함부로 편집하지 않고, 있는 그대로 이들을 '마주하는' 느낌을 전하고 싶다고 생각했다. 그리고 내가 어떤 자격시험도 통과하지 못했더라도, 그런 일을 잘할 수 있을 거라고 생각했다. 내가 그걸 강하게 원한다는 이유로. 그래서 그걸 같이할 만한 사람들을 모았다.

닷페이스를 만든 사람들

처음엔 돈이 없어서 각자 학교 다니고 생업을 유지하면서 일주일에 한두 번 모여서 기획 회의를 했다. 개중엔 언론사 인터넷 기사 팀에서 인턴으로 일하던 사람도 있었고, 2년째 언론사 시험을 준비하고 있던 피디 지망생도 있었고, 웹드라마를 찍으려고 팀 꾸려 놓고 일하던 피디도 있었다. 초반엔 뭐가 어떻게 될지 정확히 알지 못하는 상황에서 일단 서로 함께해 보기로 했다. 그런데 닷페이스는 아직 회사의 꼴도 아니었고, 돈 벌 길도 요원했던 터라 밥값부터 문제였다. 이것저것 하다 보니 어쨌건 해결책은 나왔다. 같이 밥 먹을 돈은 창업 공모전에 나가서 탄 상금으로 갈

2016년 서울 퀴어문화축제를 취재하면서
우리는 처음으로 '한 팀'이라는 감각을 맛봤다.

음했다. 공간은 지원으로 확보를 했다. 창업 공간 지원이 활발하게 이뤄지는 추세였기 때문에, 생각보다 어렵지 않게 서울 상암동에 있는 근사한 빌딩 안에 창업 공간도 얻었다. 거기서 주간 회의로 서로를 만났고, 좀 데면데면했다.

우리는 아무도 전문가가 아니었지만 실행을 망설이지도 않았고 누군가 좀 더 안다고 으스대지도 않았다. 단지 시도하고, 실행하는 용기를 서로에게서 발견해 주었고, 먼저 나아간 사람의 에너지를 받아 함께 움직이고 배웠다. 2016년 서울 퀴어문화축제에서 성소수자 부모모임 프리허그 영상을 촬영한 카메라는 아이폰이었고, 촬영자는 영상에 경험이 있었던 독어독문과 대학생이었다. 울면서도 카메라가 흔들리지 않게 잘 잡고 있었던 팀원, 그 영상을 받아서 빠르게 같이 구성해서 스크립트를 짠 팀원, 그 스크립트에 따라 합을 맞춰 그날 바로 카페에서 영상을 편집해 업로드 한 팀원……. 그렇게 올라간 영상은 한국 페이스북에서 50만 조회 수를 기록했고, 영어로 번역된 영상은 500만 조회 수를 기록했다. 이후에 영상을 보고 미국 지역에 성소수자 부모모임을 만들었다는 한 분의 메시지를 받았을 때는 정말 벅찼다. 우리의 메시지가 사람들을 움직일 수 있구나 싶었다.

이 영상을 계기로 우리 미디어에 초기 자금을 투자하고 싶다는 투자자와 이야기를 진전시킬 수 있었다. 투자 계약 전 인감을 팠고, 사업자 등록을 하고 본격적으로 사업을 시작했다. 삐걱거린 순간이 한두 번은 아니나, 그래도 동료들은 서로 그 어려움들을 '재밌는 상황이네' 하고 웃으면서 넘겨 왔던 것 같다. 한 번은 원래 지원받던 사무실 공간에서 급하게 나와야 해서 육아협동조합의 지하 강연장을 임시 사무실로 쓴 적이 있다. 고생시켜서 미안했지만, 패딩을 입고 근무하는 상황이 웃기고 재밌기도 했다. 다행히 지금은 냉난방이 잘 되는 곳에서 근무를 하고 있다.

닷페이스의 대표적인 프로젝트 중 하나인 히어아이엠⟨H.I.M⟩은 10대를 대상으로 한 랜덤 채팅 앱의 성 착취 실태를 고발하는 걸 목적으로 했다. 우리의 접근 방식은 기존과 달랐다. 피해자가 증언하거나 피해 사실을 재연하는 방식이 (당연히) 아니라, 우리는 가해자를 가해자로 보여 주는 일에 집중하기로 했다. 우리가 15세 중학생이라고 속이고 랜덤 채팅 앱에 접속했고, 남자들을 만났다.

이 영상은 정확히 세 보긴 어렵지만 수백만 조회 수를 기록했고, KBS 시사 프로그램과 대만 등지 TV 방송에 인용되어 방송되기도 했다. 법 개정을 위한 청원 서명 운동에는 1만 명 이상 참여했고, 펀딩 참여자는 2천 명 이상이었다. 펀딩 수익금 1900만 원을 현장 지원 기관인 십대여성인권센터에 기부했다. 미디어로서 영향력을 가지는 것이 얼마나 두려운 일인지도 안다. 하지만

10대를 대상으로 한 랜덤 채팅 앱의 실태를 고발했던
히어아이엠〈H.I.M〉 프로젝트

얼마나 쓸모가 큰 일인지도 안다. 그런 경직심을 가시면서 큰 영향력을 만들어 내고, 그 영향력이 정확히 필요한 곳에 쓰일 수 있도록, 이 일을 반복적으로 더 잘 해내고 싶다.

두려움 없이 실행할 수 있어서 계속 성장할 수 있었고, 그럴 때 실패의 쿠션이 되어 주고 옆에서 나를 길러 주는 좋은 동료들이 있어서 더 나아갈 수 있었다. 우리는 우리 나름의 원칙을 세우고 따르면서, 남들이 말하는 '회사란 이래야 해' 하는 것과 '기자란 이래야 해' 하는 개념을 해체하고 재조립해 나가고 있다.

불확실성을 껴안는 법을 배우고 있다

나는 제대로 일을 시작했다고 생각했지만, 내가 제대로 된 '일'을 하고 있다고 인정받기는 쉽지가 않았다. "너 취업 준비 한다고 들었는데?" 어느 신문에 내 사진이 실린 걸 보고 작년엔가 친척에게서 메시지를 받았다. 창업 초기, 아니 중기끼지도 내가 선택한 일을, '잠깐의 방황'으로 생각한 주변 사람들도 많았다. 임시적인 일이라거나, 경력을 쌓아서 결국 어디론가 이동하려는 수단이 아니냐고 의심하는 사람들도 있었다. 개중엔 '그러니까 좀 착취해도 되겠지?'라는 검은 심보를 가진 이들도 물론 있었고. 처음

두려움 없이 실행할 수 있어서 계속 성장할 수 있었고,
그럴 때 실패의 쿠션이 되어 주고 옆에서 나를 길러 주는
좋은 동료들이 있어서 더 나아갈 수 있었다.
필름메이커 리인규, 프로듀서 선욱과.

엔 그런 게 모두 선의인 줄 알았다. 적의를 품을 필요도 없지만, 업계 '전문가'라고 자칭하는 사람들에게 크게 기대할 것도 없다는 걸 이제는 안다.

나는 어떤 '척'을 하려고 할 때, 납득이 가지 않는 것에 '순응하려고 할 때' 항상 실패했던 것 같다. 마음도 좋지 않았고, 결과도 좋지 않았다. 닷페이스 안에서 이와 관련해 명문화해 놓은 원칙이 있다. "우리는 스스로 기준을 만든다." 이렇게 부연 설명을 적어 두었다.

"권위자의 의견이라고 해도, 어떤 경험이 풍부한 사람의 조언이라 해도 우리가 하는 일에서는 적용되지 않을 수 있습니다. 지금 일을 하는 사람들이 기준을 만들어 가야 합니다. 우리는 '왜' 닷페이스 같은 미디어가 필요하냐는 질문에 스스로 매 순간, 매 결정마다 답할 수 있어야 합니다. 그 답이 우리의 이정표입니다."

이건 뼈아픈 배움이었기도 하다. 우리가 만들고 싶어 하는 조직과 다른 방식으로 작동하는 조직을 운영해 온 사람들의 조언을 너무 귀 기울여 들었던 경험이 있있나. 기성의 가치를 추구하는 사람들의 권위에 기대어 팀을 리드하는 일의 불확실성을 덜어 보려고 했다. 결국 원점으로 돌아왔고, 우리의 이정표는 우리가 만들어야 한다는 걸 깨달았다.

나는 불확실성을 껴안는 법을 계속해서 배우는 중이다. 지

"우리는 스스로 기준을 만든다." '왜' 닷페이스 같은 미디어가 필요하냐는 질문에 매 순간, 매 결정마다 답할 수 있어야 하고 그 답이 우리의 이정표라는 의미를 담아 만든 닷페이스의 원칙이다. 사진은 2017년 닷페이스 연말 파티.

금까지 내 인생에서 내가 선택한 방향은 계속 불확실성을 더 많이 꽉 껴안는 방향이었다. 그 과정에서 스스로의 초라함을 너무 많이 알게 되었다. 두려워서 피하고 싶을 때면, 자격을 얻거나 권위에 기대면 해결책이 나올까 생각했다. 고통스러우니까 그랬다. 진짜 문제를 바라보는 게 아니라, 실패해도 '할 수 있는 말'을 만들어 두려고 했던 것 같다. 세상이 말하는 대로 자격도 갖추고 권위 있는 말대로 했는데도 안 됐으니까 어쩔 수 없다는 '탓'을 누군가에게 하고 싶었던 게 아닐까 싶다. 책《리부트 - 리더를 위한 회복력 수업》에서는 우리가 고통을 진심으로 맞닥뜨리는 일이 우리를 목적지까지 데려다준다고 말한다. 이 말을 자주 곱씹는다. 나에게 큰 위로가 되는 말이라 그렇다.

주변에서 열심히 일하는 여성들을 만나고, 다양한 유형의 리더십이 있다는 걸 알게 되면서 시야가 넓어졌다. 여러 기업의 대표에게 코칭을 하는 한 선배는 "모든 대표들이 다 각자의 모습대로, 더 나은 대표가 되더라"라고 말해 주었다. 유난히 되는 일이 없고 돈 버는 건 힘들고, 가치를 제대로 좇고 있는지도 모르겠던 그날 밤, 그 말이 얼마나 큰 위로가 되었는지. 나는 내가 아닌 다른 사람이 될 필요가 없다는 걸 명심하려고 한다.

어쩔 수 없는 삶의 불안을 받아들이고, 베이스캠프가 외부에 있지 않고, 항상 나의 가슴 아래 있다는 걸 인식하기 위해 노력한다. 언제든 기준은 나, 나의 현재, 나의 호흡이 되기를, 바란다.

일의 쓸모에 대해서

몰입할 수 있는 일을 하는 건 물론 기쁘다. 하지만 성장하고, 노력하고, 자율적으로 일하자는 생각을 너무 강박처럼 가지는 건 아닐까 경계한다. 이런 생각을 하게 된 계기가 있다. 여성과 환경을 주제로 모인 자리에 이야기 손님으로 초대를 받았었다. 미레나 시술 과정을 우리 채널 영상으로 찍어서 내보내기도 했기 때문에, 그걸 보고 나의 시술 경험을 들려주기를 요청해 온 것이다. 미레나는 피임을 주목적으로 시술하지만, 생리통 완화와 생리량 감소를 위해서 시술하기도 한다. 특히 생리량이 많이 감소할 경우, 거의 무월경에 가까운 상태가 되기도 해서 '생리 중단 시술'이란 이름으로 약간의 붐이 일기도 했다.

나는 생리통이 굉장히 심한 편이었고, 한 달에 한 번(약 5일가량) 온몸의 피가 식는 느낌을 견뎌 내며 일을 해야 한다는 사실이 너무 끔찍했다. 월경하는 날이라고 사정 봐 가면서 일을 고를 수 있는 게 아니었고, 파트너사나 외부에 설명할 일은 못 되었으므로 진통제를 여섯 알씩 먹으며 쓰린 속을 붙잡고 일했다. 쉴 수 있으면 쉬었으나, 매번 그러기가 좋지는 않았다. 피임이 된다니 물론 땡큐고, 그보다도 '월경 중단'이 된다는 말을 듣고 기대감에 부풀어 미레나 시술을 받았다. 이 경험을 공유하면서, 생리가 나에게 얼마나 끔찍한지, 얼마나 많이 우리의 시간을 뺏어 가는지, 그게 얼마나 싫은 일인지를 한참 동안 이야기했다. 그 얘기를 듣고 그 대화 자리에 있던 누군가 '우려되는 점'을 이야기해 주었다.

미레나, 월경 중단 시술이 마치 '간편'하고, 여성이 자기 힘으로 자신의 신체를 조절할 '능력의 발현'처럼 추앙받기 시작하면, 여성의 생리 경험에 대한 혐오가 더 심해질 수 있지 않겠냐는 이야기였다. 현실에선 법적으로 보장된 생리 휴가를 요청하기도 눈치가 보이고, 생리가 '예민함', '무능함'과 연결되는 이미지가 있어서 여성들이 차별을 받고 있다. 그런데 일하는 데 방해가 되어서 생리 중단 시술을 했다는 이야기가 왜곡된 메시지를 전하진 않을지, 우려되는 부분이 있다는 지적이었다. 이런 생각이 퍼지고 미레나가 생리 중단 시술로 각광받으면, '정 네가 일을 하고 싶으면 커리어우먼답게 조절을 해야지'라는 식으로 사회적 압박을 받을 수도 있지 않겠냐는 걱정을 말씀하신 것이다.

자기 착취가 나 개인의 맥락에서는 괜찮을 수 있어도, 큰 맥락에서 그게 다른 일하는 여성이 차별받는 근거가 될 수도 있겠구나 하는 생각을 했다. 나는 목적이 있는 일을 하고, 내 삶의 많은 부분을 그 일에 쏟아 붓는 지금이 좋지만, 이렇게 일하는 게 사회에서 권장할 가치라거나 옳은 일이라고 말할 수는 없을 것 같다. 그리고 일에는 다양한 쓸모가 있고, 직업이 꼭 자기 삶의 최우선 가치를 추구하는 수단일 필요도 없다. 가장 우선에 두는 가치가 취미가 될 수도 있고, 친구가 될 수도 있다. 그 선택이 '열정에 기름 부어야 잘 사는 것 같은' 현대 사회에서 덜 세련되어 보일 순 있지만, 실제로 나쁜 선택인 건 아니다. 자기를 잃어버리지 않는 게 더 중요하다. 자기 착취로 자기를 잃어버리는 사람들도 종종 본다.

그저께는 집 문을 열고 들어오면서 위기감을 느꼈다. 밤늦게까지 일하고 에너지를 다 쥐어짠 날이었다. 정말 손 하나 까딱할 수 없겠다 싶었는데, 배가 너무 고팠다. 그래서 배달 앱을 켜고 메뉴를 고르는데, 베란다에 놔둔 배달 음식 쓰레기 더미가 생각났다. '이렇게 살면 안 된다'는 생각이 퍼뜩 들었다. 삶에서 꼭 필요한 일들을 무시하고 일에 중독되기가 너무 쉽다. 하지만 좋은 인간이려면 설거지를 제때 하고, 분리수거를 제때 하고, 가끔 본가에 가서 강아지도 만나고 산책도 해야 한다. 이런 것들이 삶에서 꼭 지켜 내야 하는 구역이라고 생각한다.

스스로를 용서해 가며 일을 지속하기

2016년에 시작해, 이제 5년. 닷페이스라는 미디어를 만드는 일에 많은 사람들이 함께 고군분투했다. 그 안에서 나도 대표로서,

그리고 모자란 인격으로 고군분투했다. 지난해 인터뷰이로 참여한 한 책의 제목을 보면서 많은 생각이 들었다. 《나는 오늘도 내가 만든 일터로 출근합니다》라는 책인데, 이 제목이 얼마나 많은 희비극을 품고 있는지. 일터는 창업자를 닮는다는 말을 들으면 나는 두렵다. '역시 사무실이 이렇게 더러운 건 내 탓인가. 마감이 잘 지켜지지 않는 것 또한 역시 내 탓인가.' 이런 생각을 하게 된다. 나는 의욕 많고 구멍도 많은 스스로를 열심히 용서해 가며 이 일을 지속한다.

내가 사회에서 경험하는 첫 회사가 내가 대표인 회사. 첫 직업은 창업자. 이 길이 어디로 가는 길인지 정해진 답이 보이지 않았다. 참고할 만한 모델도 많지 않았다. 그러다 어느 시점엔, '나의 전문성은 무엇인가' 하는 회의도 들었다. 처음 1, 2년 정도는 헛도는 대답을 했던 것 같다. '비디오 저널리스트로서 제작 역량을 가진 것도 아니고, 경영을 전문으로 전공한 것도 아닌데, 그럼 나는 뭐지?' 이제는 그때 전문성이란 말을 내가 얼마나 좁게 해석했는지 안다. 일은 목적을 달성하는 과정이다. 목적을 달성하는 길을 찾는 수많은 유형의 역량이 있고, 그것들을 '전문성'이라고 불러 마땅하다는 걸 깨닫게 됐다.

내가 만난 누군가는 '헤매는 논의를 중단시키고 논리적으로 정리해 내는 일'을 정말 잘하고, 내가 만난 누군가는 '남들이 질문하지 않는 것을 질문해서 새로운 걸 찾아내는 일'을 정말 잘

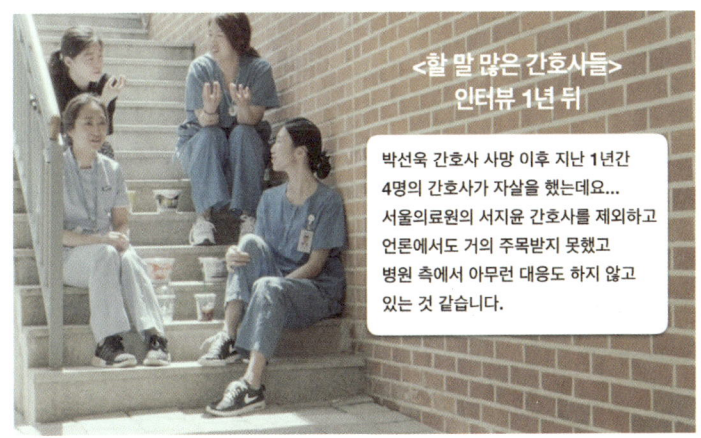

닷페이스가 함께한 프로젝트.
최현희 교사의 닷페이스 동영상 〈우리에겐 페미니스트 선생님이 필요합니다〉로
촉발된 '#우리에겐_페미니스트_선생님이_필요합니다' 해시태그 운동,
낙태죄 폐지를 말한 〈세탁소의 여자들〉,
간호사들의 척박한 현실을 드러낸 〈할 말 많은 간호사들〉(왼쪽 위부터 시계 방향).

ⓒ 디자인 김헵시바

'너의 책임이라는 말 뒤의 폭력'이라는 주제로 디지털 성폭력 문제를 이미지화하였다. 촘촘히 얽힌 붉은 실 같은 텔레그램 속 사이버 성폭력이 끊어지고 착취적인 성매매 환경에서 고통받는 이들이 일상으로 돌아가 건강해지는 세상을 꿈꿨다.

한다. 그 능력이 그들의 전문성이었다. 세상에서 전문성을 '전공'이나 '좁은 의미의 기술'로 연결해 이야기하는 것은 사기다. 그래서 나는 일하면서 발견하는 나의 전문성을 잘 정의하고 길러 나가는 중이다.

나는 나를 잘 키우고 싶고, 이 일을 잘하고 싶다. 사업을 해 나가면서 느끼는 이 기쁨과 슬픔, 이 안에서의 성장은 모두 나의 삶 그 자체다. 이 사업의 목적과 내가 이 일을 하는 목적이 일치한다고 느낀다. 출근 시의 나와 퇴근한 후의 나를 분리할 수가 없다(그래서 겪는 어려움도 있다). 닷페이스는 사람들의 '무력감'이란 문제를 다루기 위해 만들어진 미디어다. 변화가 필요하다고 느끼는데, 그 말을 할 수 없을 때, 할 수 있는 게 없을 때, 함께 이야기할 커뮤니티를 만들어 내기 위한 방편이 닷페이스이다. 그리고, 나는 내 삶에서의 무력감을 해소하기 위해 이 사업을 이용하고 있다. 나는 '이렇게 답답한데, 내가 할 수 있는 일이 없다니' 싶을 때 시들시들 병든다. 현실을 직면하고 기뻐하고 분노하는 순간들에, 나는 살아 있다고 느낀다.

이 일을 하는 기쁨은 분명하다. 누군가의 진실을 들을 수 있다. 가장 가까운 이에게도 하지 않을 만한 이야기를 이곳에는 한다. 개인적이지만 개인적이지 않은 이야기들이다. '누군가에게 도움이 될 수 있다면, 다시 이런 일이 없을 수 있다면'이란 생각으로 기꺼이 자신의 이야기를 내주는 사람들이 있다. 우리는 그 목소리를 가장 먼저 듣고, 전할 기회를 얻는다.

  이 일을 하면서 힘든 점도 있다. 감정적인 측면이 크다. 분노와 환멸. 우리는 모자이크 되지 않은 현실을 가장 먼저 봐야 한다. 얼마 전엔 디지털 성폭력 관련 취재를 하다가, 인터뷰 직전 화장실에 가서 구토를 했다. 직면하기 정말 어려운 현실이 많다. 현실에 관한 다큐멘터리를 만들지만, 나는 사실 드라마를 더 좋아한다. 현실이 훨씬 개연성이 없다. 드라마는 16부작 안에 주인공이 현실에 변화를 만들어 내지만, 다큐는 100부작이 지나도록 변화가 없을 수 있다. 일을 하는 데 가장 큰 방해물은 '무력감'이다. 단순히 변화가 없는 게 힘든 건 아니다. 사람들이 서로 "내가 가장 소수자, 피해자"라고 말하며 끊임없이 분열하고, 사회적 논의 앞에서 "피곤하다"고 말할 때, 우리는 힘을 잃는다. 반대로 함께 이야기하는 사람들이 계속 늘어날 때, 우리는 힘을 얻는다.

  나는 스스로를 소개할 때 '이야기하는 사람'이라고 말한다. 나는 무력감이 싫어서, 사회에 변화가 필요한 지점들을 찾아다니고 목소리를 전하는 닷페이스 미디어에서 일하고 있다. 지금 내 인생의 화두를 가장 잘 풀어 낼 수 있는 방법으로서 이 사업을 한다. 그러나 그보다 더 본질적으로 나는 스스로 '이야기하는 사람'이라고 생각한다. 이 정체성을 마음속 한곳에 꼭 쥐고 있는 것

2018년 서울 홍제동 사무실에서
닷페이스 사람들과 함께

이 스스로에게 도움이 된다. 어떤 조직에 '속해 있는 정체성'을 제외해도 '본진'을 가졌다는 느낌에 든든하다. 이야기하는 사람으로서, 나는 더 많은 이야기들을 찾아내고, 전하고 싶다. 청소년 권장 도서로 지정될 만큼 흥미진진한 동화책도 쓰고 싶다. 일은 내가 세상을 탐색할 수 있는 수단이고, 배움의 기회다.

무모하고 아름답게
나선을 나아갑니다

| 지금 여기에서, 기술로 만나는 새롭고 다정한 세계 |

민재희(세모) janemin0316@gmail.com

최소한의 각으로 안정적이고 경쾌하면서도 곁을 내어줄 품이 넉넉한 삼각형처럼 살고 싶어 세모라고도 불리고 있습니다. 자립의 기술과 지속 가능한 삶에 대한 고민을 안고 가장자리에서 새로운 삶의 형태를 실험 중입니다. 에코페미니스트, 생활기술인.

기술과 감각의 전환

2019년 한 해 전국을 돌며 여성, 청년들에게 기술을 만나는 경험의 물꼬를 터 주러 다녔다. 주제는 '나의 작은 기술로 삶의 자립 엿보기'. 간단한 공구 사용법과 공구에 대한 설명, 안전 수칙을 알려 주고 실습한다. 집에 잠들어 있는 전동 드릴을 깨워 사용해 보고, 실리콘을 바르고 전등을 교체한다. 감각으로만 전달되는 미묘한 요령들을 눈에서 눈으로, 손에서 손으로 전달한다. 참여자들의 얼굴에 두려움을 깬 뿌듯함, 도구와 손을 사용하는 즐거움이 가득한 동시에 이렇게 쉽고 재밌는 걸 이제서야 알았다니 하는 안타까움이 스친다.

기술을 주제로 여성들이 모이면 할 얘기가 참 많다. 전구가 나간 상황에서 누군가 "이거 가실 수 있는 남자분?"이라고 말할 때 자신 있게 여자도 할 수 있다며 나가지 못했다는 분, 혼자 사는 집에 남자 기사님을 부르기 불편해 몇 년째 나간 전구를 방치해 놨다는 분, 오랫동안 연극 무대 팀에서 일하면서도 기술적인 일에는 남자들의 보조가 되어 공구 한번 써 볼 기회가 없었다는 분, 기술적인 부분을 잘 모르는데 기사님들이 제대로 설

부산 영도의 오래된 건물에서
여성 참가자들과 함께 실리콘을 바르고,
드릴로 콘크리트 벽을 뚫었다.

명해 주지 않아 시공이나 수리를 맡길 때 불편하고 어려웠다는 분 등 그동안 생활에서 겪었던 답답했던 상황들이 쏟아진다. 그런데 내 집을 돌볼 수 있을 정도의 작은 기술을 배우면 더더욱 할 말이 많아진다. 너무 쉽고 간단해서 그동안 가졌던 두려움, 불편함 들이 허탈할 정도이기 때문이다. 딱 한 번 안전한 환경에서 공구를 만지고 기술을 접한 다음엔 몸을 움직이는 것이 어렵지 않다. 단순히 기술을 사용해 볼 용기를 얻는 것뿐만 아니라 나를 둘러싼 물건들, 집의 공간들이 다르게 보이면서 손이 근질거리기 시작한다. 내 주변 물건들의 보이지 않던 마감과 이음새가 보이고, 재료와 물성이 보인다. 이내 어떻게 고치거나 새롭게 만들어 볼까 하는 상상으로 이어진다. 그야말로 감각과 시선이 전환된 새로운 세계가 펼쳐진다. 납작하고 미끈한 결과, 완성품으로 소비하던 것들에서 보이지 않던 과정들이 새롭게 보이기 시작할 테니.

그렇기에 먼저 시작해 본 사람이 건네주는 기술과의 첫 만남은 무척 귀하고 소중하다. 무엇보다 기술과 마주치는 얼마 없는 기회가 양적으로 증가해야 한다. 더불어 기술과의 만남이 더욱 안전한 환경에서 다정하고 친절하게 이뤄질 필요가 있다. "일단 공구와 친해지세요. 감각을 익히고 익숙해지면 기계 작동 원리가 보이기 시작합니다. 그런 다음에 안전하다는 믿음이 생기고 새롭게 만들고 고칠 거리에 대한 상상과 즐거움이 따라옵

여기공의 워크숍 '나의 작은 기술로 삶의 자립 엿보기'(위)와
'그린 우드카빙 : 숲에서 만나는 작은 쓸모'(아래)

니다." 그래서 우리는 기술을 안내하며 매뉴얼적인 원리 이전에 안전, 용기와 감각의 전환을 이야기한다. 먼저 기술과 관련된 나의 경험을 이야기하고, 함께 안전 수칙을 읽고, 끝에는 참여자들과 감상을 나누고 시시콜콜한 질의응답에 시간을 비중 있게 할애한다. 기술을 긍정적으로 기억하고, 스스로도 두려움 없이 지속해 나갈 수 있도록 경험의 토대를 만드는 것이 여기공의 목적이기 때문이다. 짓는 감각을 알려 줘서 고맙다는 분, 집에 가서 혼자 힘으로 뚝딱뚝딱 고쳐 보는 걸 시도했다는 분, 기술로 새로운 진로를 꿈꾸게 되었다는 분 등의 반가운 피드백이 쌓여 갈 때마다 기술을 전하러 다니는 발걸음에 든든한 힘이 되었다. 직조, 우드카빙, 목공, 용접 등 어떠한 종류의 기술로 사람들을 만나든 안전과 용기, 감각의 전환에 대한 이야기는 여기공에서 중요하게 강조하는 원칙으로 자리 잡았다.

여기공 : 우리가 만드는 안전지대, 연대의 기술

여기공은 하자작업장학교 청년과정에서 만난 자베와 인다와 함께 작은 프로젝트로 시작했다. 인권운동, 디자인, 교육 등 다른 관심사와 환경을 가지고 하자에서 만난 우리가 공통으로 울림을 느낀 것은 기술이었다. 기술을 통한 배움은 그럴듯한 말과 시스템이 전달해 주지 못한 새로운 관계성과 실체감 있는 전환의 감각을 알려 주었기 때문이다. 세 명 모두 각기 다른 삶의 서사 속에서 치열하게 찾고자 했던 '자립'의 실마리를 기술을 통해 발견했고, 이것을 어떻게 앞으로도 지속 가능하게 이어 나갈지 같은 고민이 있었다. 하자를 마치곤 각자 다른 일을 하게 되었지만 작은 프로젝트로라도 우리가 배운 기술의 즐거움을 다른 여성들과 누리고, 재미난 작당을 이어 나가고 싶었다. 서로가 서로의 비빌 언덕이 되어, 또 누군가의 안전망이 되어. '지금 여기(here)' 우리가 서 있는 곳에서 '여성과 기술'을 다루자며 '여-기(her-e)'라는 팀을 만들었고, 소규모 커뮤니티 지원 사업을 받아 여성을 대상으로 용접과 난로 제작 수업을 열었다. 가장 첫 번째로 용접을 선택한 건 우리가 기술을 통해 전달하려고 하는 메시지를 가장 잘 드러내는 도구이기도 했고, 쉽게 접하기 어렵고 특별하기도 한 용접의 경험을 다른 여성들에게도 나누고 싶었기 때문이었다.

용접 선생님인 철수鐵手님은 '손에 힘을 빼고 귀로 들어라'라고 알려 주시는데 불 앞에서 흥분을 가라앉히고 감각에 온 집중을 하다 보면 어느새 명상하는 마음이 된다. 용접의 장점은 어떤 기술이든 기본이 되는, 감각을 여는 경험을 잘 익힐 수 있다는 점이다. 어려운 용접의 장벽을 넘으면 다른 공구나 기술들을 다루는 것이 한결 수월해진다. 남성들도 어려운 용접 기술을 해냈다

여기공을 함께 만든
나와 인다, 자베(왼쪽부터)

는 용기를 얻게 된다. 기술을 나누는 현장에서 가장 중요하게 생각하는 것은 안전인데, 많은 기술 현장에서 안전 장비와 보호구를 제대로 착용하고 안전 수칙을 잘 따르며 작업할 경우 용접같이 위험한 기술도 안전하게 할 수 있음을 강조한다. '안전 수칙을 지키면서 마음껏 시도해 보세요. 그리고 타인이 경험해 볼 기회를 빼앗지 말고 기다려 주세요. 불편한 마음이 들면 잠시 멈추세요.'

여기공은 사소하고 작은 계기로 시작하게 되었지만 바탕에는 강한 문제의식도 있었다. 우리가 기술을 배우러 가는 자리에서는 여성 기술자 선생님들도, 배우려는 여성들도 보기 힘들었다. 우리 같은 20대 여성이 굳이 기술을 배우는 것은 흔치 않은 일이었다. 도대체 여성 기술자들은 어디에 있는 것일까? 이 질문을 지울 수 없었다. 특정 세대와 성별이 향유하는 경직된 기술 문화 안에서 이 영역에 새로 진입하는 여성이나 청년들은 불편하고 곤란한 상황들을 감수해야 했다. 안전하게 기술을 배우고, 또 업으로 만들어 갈 수 있는 문화적 토양이 부족했다. 또 직조, 재봉, 요리, 돌봄 같은 살림의 기술들이 여성들의 것으로 여겨지고 남성의 기술보다 저평가되어 있는 현실을 들여다보면서 기울어진 기술 문화가 있다는 것을 체감했다. 셋이 만나 종종 나누던 이런 문제의식이 결국 본격적인 여기공의 작업들로 이어졌다.

기술 문화 속에서 여성들이 어떻게 배제되어 있는지 밝히기 위해서는 여성 기술자들의 서사를 들여다볼 필요가 있었다. 드러나지 않던 여성 기술자들을 찾아 그 사이의 연결 토대를 만들고 싶다는 생각은 여성 기술자 인터뷰집《그리고 - 여성 기술자 지도 그리기》에 담겼다. 의류 디자이너, 타워크레인 기사, 형틀 목수, 가구 디자이너, 목공예가, 자전거 프레임 빌더, 농부 이렇게 7명의 여성 기술자들을 만났고 그들의 기술, 삶, 업의 특이점들을 따라가며 입체적인 이야기를 담아 보려 했다. 남성적인 기준과 성과 지향적 구조 속에서 여성 기술자들의 희생과 소외에 주목하는 것을 넘어 현장에서 주체적인 태도로 기술과 관계해 나가는 이야기를 담아 여성주의적 관점에서 기술에 대한 논의를 재구성하고자 했다. 그리고-그리고로 이어지는 한 명, 한 명 여성 기술자들의 삶의 궤적을 따라가면서 공통적으로 발견한 건 좋은 결과, 성과만큼이나 돌봄, 생태계, 연결과 같은 상생하고 지속 가능한 터전을 만들고자 하는 삶의 태도 전반에 관한 이야기였다. 성인 남성을 기준으로 정형화된 공구와 재료의 사이즈, 무게 등 형식의 문제들이 산업 재해로 이어지는 것, 여성들의 생리적 현상을 고려하지 않은 열악한 노동 여건, 여성 기술이 저평가된 문화 여건이 임금 격차로 이어지는 것을 발견했고 여성들의 신체적, 생애 주기적 특징들에 적합하게 어떻게 도구와 시설 문화 여건을 조성해 나갈지 논의하는 토대를 마련했다.

기울어진 기술 문화에 관한 이야기는 '여기의 기술자들을 위한 젠더 스쿨' 4강의 테크노 페미니즘 강의를 통해 기술과 젠더, 자본주의, 가부장제, 문화 콘텐츠로 이어지는 문제의식을 많은 대중과 나눌 수 있었다. 역사적으로 이어져 온 기술 속 여성 배제와 차별을 키워드별로 돌아보고, 자연과 여성에 대한 파괴와 착취로 기능하는 기술의 권력관계에 어떻게 균열을 내고 이분법적 사고에서 벗어나 새롭게 기술의 패러다임을 구성해 나갈 것인지 담론을 던지기도 했다.

앞서 말했듯 무엇보다 많은 시간을 할애한 건 집수리와 공구 사용법 강의를 하러 다니며 더 많은 여성과 청년들에게 안전하고 비폭력적인 기술 문화와 경험을 전달하는 일이었다. 이미 기술 현장에서 활동하고 있는 선배 여성 기술자, 기술을 배우고 현장의 고민들을 나누고 싶은 초보 기술자, 생활에 필요한 기술을 이제 막 배워 보려는 사람들. 다른 위치에 여기저기 흩어져 있는 세 영역의 여성들을 기술이라는 공통분모를 바탕으로 다방면으로 만나며 연결고리를 만들고자 했다. 지속 가능한 기술 문화의 바탕이 되는 안전지대, 공유지의 필요성은 지난 1년간의 활동을 통해 더욱 선명해졌다. 우리가 스스로 안전한 공간(空)을 만들고, 기술(工)의 즐거움을 발견하고, 이것을 사람들과 함께(共) 나누며 기술 문화에 새로운 공공성(公)을 불어넣는 일들이 '공'이라는 말로 설명이 가능하다는 것을 발견했다. 협동조합으로 법인화를 거치면서 '여기'에 '공'을 덧붙여 '여기공'이라고 바꿔 부르게 되었다.

빌라선샤인에서 진행한 공구 워크숍을 시작으로
더 많은 여성들과 간단한 기술 워크숍을 함께 하게 되었다.

여기공은 여성과 기술이라는 도구로 안전지대를 만들고 세상을 더욱 풍요롭게 만드는 연대의 기술을 쌓아 가고 있다.

의식주 : 자립의 기술

여기공을 만들고 기술 워크숍을 하며 다니다 보면 내가 전문 기술자인지, 기술이라 하면 어떤 기술을 말하는 건지 궁금해하는 경우를 맞닥뜨린다. 나를 전문 영역의 기술자라고 부르긴 아직 어렵지만, 여성으로서 기술을 즐겁게 만나는 사람이라고는 말할 수 있을 것 같다. 기술을 만나며 그동안의 폭력과 착취의 굴레에서 벗어나 오롯이 설 수 있게 되었기 때문이다. 내가 배우고 전달하려는 기술은 자립을 위한 삶의 태도와 관계성에 가깝기 때문에 더욱이 기술자, 문화 기획자, 사업가 같은 어떤 전문 영역의 업으로 설명하기가 어렵다. 삶을 주체적으로 만들어 갈 수 있는 지속 가능한 기술에 관심을 갖다 보니 자연스럽게 의식주와 관련된 기술 경험들이 쌓였고, 이것은 어느새 나를 든든하게 지탱하는 힘이 되었다.

기술을 처음 만난 건 3년 전쯤 하자작업장학교 청년과정에서이다. 그곳에서 자립과 적정기술을 배울 수 있다는 이야기를 듣고, 다니던 회사를 그만두고 죽돌(학생)로 입학했다. 하자에서

1년간의 과정을 마치고 손과 몸을 사용하는 기술과 노동의 즐거움을 알게 되었다. 도시가 아닌 지역에 내려가 생명과 대지를 살리는 일인 농사를 해야겠다고 결정했다. 농업과 농촌의 구체적인 현실을 알지 못했지만 누군가에겐 고되고 피하고 싶은 노동이 나에게는 즐겁고 행복한 일이란 것을 발견했다. 농사를 짓는 동안 1년의 계절이 훨씬 선명해졌다. 흙을 만지고 씨앗을 심고 물을 주는 돌봄의 일, 아무것도 착취하지 않고 자연의 만물이 순환되는 일련의 과정은 도시인인 나에게 신선한 충격으로 다가왔다. 생명과 지구를 살리는 일, 순환의 고리를 살리는 일이 곧 나를 살리는 일이라는 생각이 들었다.

마음을 정하고 도시에서 지역으로 삶의 터전을 옮기기로 했다. 우연히 농업에 대한 비슷한 가치관을 지닌 동료들을 만났고 곧장 경남 진주로 이주했다. CSA Community Supported Agriculture, 공동체지원농업 형식의 유기농 농사를 시도하고 이동형 목조 주택을 지으며 나와 비슷한 도시 청년들이 농업에 잘 안착할 수 있도록 인프라를 만드는 '팜프라'라는 회사를 함께 만들게 되었다. 지역에 내려가 보니 목공, 미장, 직조, 용접 등의 기술을 의식주와 연결되게 삶에서 활용해야 했다. 꿈에 그리던 농사를 지으면서 현실에 발을 딛고 사계절의 과정을 꼬박 경험했다. 작물이 자라는 동안 농촌의 현장을 알아 가고, 작물을 기르는 농사의 기술만큼이나 지역에서 어떻게 살아갈지 고민하는 성장의 시간이었다.

농업에 대한 비슷한 가치관을 가진 동료들과
경남 진주에 모여 팜프라를 함께 만들었다.
논에 첫 삽을 뜬 날.

기후 위기와 생태 순환에 대한 고민으로 시작한 귀농은 주거에 대한 생각도 바꿨다. 도시에서는 높은 월세와 열악한 주거 환경에 대한 반감, 소극적 영역에서 인테리어로 주거를 바라봤다면 숲에 내가 살 이동형 목조 주택을 지으며 주거와 건축 전반, 공간에 대한 생각을 바꾸게 되었다. 물리적으로 집의 외형, 내외장의 소재, 내장재, 마감 같은 것들을 주의 깊게 보게 되었고 지형적으로 사람의 주거에 적합한 공간인지, 수도와 전기는 가능한지, 날씨는 어떠한지 등을 챙겨 보게 되었다. 그뿐만 아니라 사용자의 동선과 생활 방식에 따라 구성되어야 하는 공간의 형식들에 대해서도 자주 생각하게 되었다. 무엇보다 5~6개월간 작은 집을 지으면서 여성으로서 가지는 기술에 대한 심리적 장벽들도 깰 수 있었다.

농사와 집을 지으며 고된 육체노동을 하다 보니 그에 걸맞은 작업복이 필요했다. 여성들은 점프 수트를 입으면 야외 작업 환경에서 화장실에 가기 어려웠고 얇은 몸뻬 바지는 외부 위협에 보호되지 않았다. 무엇보다 후줄근한 옷을 입고 하루 종일 작업하고 시내를 돌아다니다 보면 나의 노동 가치나 정체성이 훼손되는 느낌을 받았다. 이런 작업복에 대한 고민을 공감해 준 디자이너를 만나 동대문에서 작업복을 만들고 크라우드 펀딩으로 판매하는 프로젝트도 진행하게 되었다. 하나부터 열까지 옷을 만드는 전 과정에 참여하면서 그제야 의류 제조업이 얼마나 분업화

바고클로딩과 함께 기획, 제작한 워크웨어 '폿'.
크라우드 펀딩을 통해 판매했다.

된 산업인지 알게 되었다. 옷을 공장에서 기계로 만든다고 생각했던 게 얼마나 순진했는지 깨달았다. 분업화된 과정에 숨어 있던 많은 노동자가 보이기 시작했고, 좋은 소재-좋은 기능으로 이어지는 옷에 대한 고민은 결국 비용에 대한 고민과 맞닿아 있다는 것을 현장을 뛰며 확인했다. 기술자들의 노동을 존중하고 좋은 소재를 사용하는 것은 필수 불가결하게 높은 제작비를 필요로 했다. 그동안 가성비로 소비했던 옷들에 대해 다시 한 번 생각하게 되었다.

 1년 전 하자에서 기술을 처음 접해 본 내가 어느새 사람들의 도움을 받아 농사를 짓고, 집을 짓고, 옷을 지었다. 다양한 기술을 접하고 경험할수록 세계가 입체적으로 보였다. 학생으로 책을 보며 공부하던 생의 2/3에 가까운 시간들이 결국에 불안과 염세적 태도로 이어졌다면, 고작 1~2년 동안 손과 몸을 움직여 얻은 실체감이 지식의 빈 공간을 채우고 연결해 삶을 풍요롭고 단단하게 만들었다. 일련의 경험들을 통해 모든 문제를 해결할 수는 없어 좌절하게 되는 것이 아니라 오히려 편리함과 가성비 대신에 어떤 소비를 선택할 것인지, 어떤 삶의 태도로 세계 속에 존재해 나갈 것인지 구체적인 연결고리들이 보이기 시작하면서 딜 불안해졌다. 세상과 연결되어 있는 일원으로서 나의 작은 선택들이 더 안전한 생태계를 만들어 나갈 수 있다는 것을 알게 되면서 자립에 한 발짝 더 가까워졌다.

시공에 필요한 작업이 손에 익을 때쯤엔
화장실에 필요한 기초 철 프레임을 혼자 용접해 보기도 했다.

세모로 살기 : 무모하게 실험하는 삶

이어지는 복잡다단한 일들을 한 가지의 업으로 설명하기 어려워서 '자립과 지속 가능성을 위해 가장자리에서 해 볼 수 있는 것들을 몽땅 실험해 보는 중입니다'라든지 '나만의 지도를 그리고 있는 지도 제작자입니다'라고 나를 표현하기도 한다. 최근 2년간 팜프라에서 여기공까지 서울과 지역을 오고 가며 두 개의 스타트업을 함께 만들었다. 이렇게 무모하고 실험적인 삶을 시도하기 이전엔 나 역시 무난하게 주어지는 삶을 버티면서 살아왔다. 먼저 길을 나선 사람들에게 용기를 건네받아 이런 삶을 시작할 수 있었고, 여성 기술자들을 인터뷰하며 비슷한 고민과 과정을 들으며 위로받고 지금의 여정을 포기하지 않고 계속 지속하는 힘을 얻었다. 그렇기에 누군가의 용기가 되길 바라며 나 역시 '세모'로 살기까지 마주했던 고민들과 선택들을 이야기하려고 한다.

나는 밀레니얼 세대인 도시 중산층의 전형적인 서사를 가지고 있다. 서울의 아파트에서 나고 자라며 '가성비', '합리성'을 중요한 선택 기준으로 살아왔다. 부모님이 힘들게 세운 '중산층'이라는 복합적인 유산을 물려받은 셈인데 위로 계층 이동은 못해도 최소한 중산층 자리를 지킬 수 있는 합리적인 선택을 해야 했다. 나에게는 소비든 경험이든 실패할 여유가 없었다. 공부를 열심히 하면 할수록, 주변의 요구를 들어줄수록 내가 견뎌야 하는 것들, 더 잘해야 하는 것들은 늘어났다. 좋은 대학에 가는 것, 좋은 직장을 갖는 것, 나보다 높거나 비슷한 수준의 사람과 결혼해 아이를 낳고 사는 것. 성공에 대한 강박과 요구되는 사회적 통념들로 미끈하게 잘 짜인 트랙에서 벗어나기 어려웠던 건 그 트랙을 벗어난 삶의 경험치가 매우 낮았기 때문이다.

내가 원하는 것을 시도해 보며 실수도, 실패도 해 볼 여유를 갖지 못한 채 대학을 졸업하고 영재교육원에서 일하게 되었다. 당시 나에게 노동은 생계를 위한 수단에 불과했다. 적당한 마음으로 시작한 일로 인해 그제서야 나는 삶을 다시 돌아보게 되었다. 영재 아동들을 만나며 성장 과정 속에서 상처와 불안으로 이어진 나의 모습을 발견하고 과거의 나에게도 적절한 교육이 필요했음을 알게 되었다. 정답을 맞히는 것보다 호기심을 갖고 탐구하고 포기하지 않는 과정과 그런 태도의 근육을 기르는 게 중요하다는 말은 사실 나에게 하는 말에 가까웠다. 나는 나의 청소년 시절에 나에게 필요했던 어른이 되면서 아이들을 통해 그제야 나 자신에게 사과를 건넸다. 최선의 마음으로 살아가지 않는 태도가 결국 나와 주변을 소외시키고 상처를 입힌다는 것을 깨닫고 나서는 실패에 대한 두려움이 줄어들었다. 20대 후반에 이르러서야 나를 불안하게 하던 것들과 멀어질 수 있었다.

이런 생각에 도달했을 때쯤 내가 아주 둥근 원 같다는 생각을 했다. 둥글둥글 모나지 않으려다 보니 크게 방어막들을 세워

아무도 내 주변으로 오지 못하게 했다. 남들의 기준에 맞춰 이리저리 굴러다녔다. 더 이상 그렇게 살 순 없어 원이 아닌 세모로 살겠다고 결심했다. 어디에도 휘둘리지 않고 언제나 균형을 잡는 세모가 되고 싶었다. 가장 적은 각으로 안정적으로 설 수 있고, 날렵하고 예리하지만 다른 도형들에 곁을 줄 수 있는 삶의 형식. 그렇게 '세모'로 새로운 삶의 여정을 꾸리게 되었다.

회사를 그만두면서 생각한 건 내가 나에게 이상적으로 생각하는 좋은 교육의 기회를 주고 싶다는 것이었다. 그래서 대학원이 아닌 하자작업장학교 청년과정을 향했다. 나와 비슷한 생각을 가진 동료들과 좋은 가이드가 되어 줄 선생님, 안전한 환경이 절실했다. 하자작업장학교 청년과정에서 처음으로 나와 비슷한 생각을 하는 사람들을 만났다. 일회용품을 쓰지 않고, 채식을 하고, 페미니즘을 공부했다. 사회적 재난을 공부하고 연대가 필요한 현장에서 함께 목소리를 내었다. 하지만 이렇게 이상을 꿈꾸며 찾아간 곳에서조차 나는 배움과 현실의 괴리를 좁히는 게 힘이 들었다. 세상에서는 재난에 가까운 일들이 곳곳에서 일어났고, 세계는 또 별일 없이 돌아가는 듯했다. 그 와중에 도시라는 제한된 환경과 구조 속에서 내가 할 수 있는 일은 너무 작게 느껴졌고, 소비하고 착취하는 구조 속에 낀 나의 삶은 여전히 수동적일 수밖에 없었다. 배움이 늘어날수록 진실이 선명해질수록, 세계에 갖는 부채감과 우울은 더 커졌다. 그런 중에 내 손과 도

전남 목포 괜찮아마을에서
진행한 DIY 워크숍

구를 이용해 무언가를 제작하고, 밭에서 김을 매며 보내는 경험이 어떤 실마리를 던져 주었다. 똥이나 음식물 쓰레기가 퇴비가 되고 다시 건강한 작물이 되는 흙의 순환을 말이 아닌 직접 배우고 적용하며 살고 싶어졌다. 미끈하게 결과로만 존재하던 세계가 이면에 어떤 이야기와 맥락을 갖는지 구체적으로 보이기 시작했다. 몸을 써 감각하고 경험할수록 실체감이 꼬박 쌓였다. 신기했다. 남들은 꺼리고 싫어하는 일이 나에게는 매 순간 큰 기쁨과 전환을 일으키고 있었다. 끝이 없고 끝내 공허해지는 지적 노동과는 다르게 육체노동은 정확한 결과물이 쌓였기 때문이다. 몸에 새겨진 기술의 감각과 전환의 경험은 무모할지도 모를 새로운 삶을 시작할 든든한 힘이 되었다.

이타카로의 여행 : 아름답게 지도 그리기

3년간 이것저것 무모하게 도전하고 시도해 보면서 얻은 배움을 통해 정확히 내가 원하는 것이 뭔지에 대해 생각하게 되었다. 환상처럼 생각했던 대안의 공간에도 정답이 있는 것은 아니었다. 두루 경험하고 나니 나의 기준이 점차 분명해졌다. '적당히 타협하고 도망치지 않는다. 이전의 버티는 삶 동안 배운 패턴을 반복하지 않는다. 나에게 일어나는 폭력과 착취를 거부할 수 있다.' 무엇이 될지보다 어떻게 살아갈 것인지에 대한 작지만 확고한 원칙들이 생겨났다. 콘스탄티노스 페트루 카바피스의 시엔 이런 구절이 있다.

> 언제나 이타카를 마음에 두라
> 네 목표는 그곳에 이르는 것이니
> 그러나 서두르지는 마라
> 비록 네 갈 길이 오래더라도
> 늙어져서 그 섬에 이르는 것이 더 나으니
> 길 위에서 너는 이미 풍요로워졌으니
> 이타카가 너를 풍요롭게 해 주길 기대하지 마라
> 이타카는 너에게 아름다운 여행을 선사했고
> 이타카가 없었다면 네 여정은 시작되지도 않았으니
> 이제 이타카는 너에게 줄 것이 하나도 없구나
> 설령 그 땅이 불모지라 해도 이타카는
> 너를 속인 적이 없고, 길 위에서 너는 현자가 되었으니
> 마침내 이타카의 가르침을 이해하리라
> - 콘스탄티노스 페트루 카바피스, 〈이타카〉

내가 선 땅에서 동료들의 손을 잡고 부지런히 끈질기게 걸어 나가는 것. 이타카에 도달하는 길 위에서 계절의 풍경과 웃음을

놓치지 않는 것. 과거로 회귀하지도 않고 먼 미래로 도망치지도 않을 것이다. 현재를 걷다 보니 우연한 충돌과 선택들을 만나 왔고, 사소한 결정이 쌓여 지금의 나를 이뤘다. 더 계획적으로 인생을 꼼꼼하게 물 샐 틈 없이 조직해 나가야 하는 건 아닐까 하는 불안들이 있었다. 항상 미래를 보니 발밑에 딛고 있는 내 땅이 어딘지 보지 못했다. 인생은 수능 같은 단 한 번의 시험에 성공과 실패로 재단되는 것 같지만 나를 키운 건 매일매일 성실하게 하루의 일과를 채우고, 마음을 다하던 태도 같은 것들이다. 내가 서 있는 곳의 환경, 매일 만나는 사람, 매일 입고 먹는 것들이 나를 이룬다. 그래서 이제 나는 나를 둘러싼 작은 것들에 애정을 담고 진심을 채우려고 노력한다. 남을 설득시키는 일보다 나를 설득시키고 거짓된 말과 행동을 하지 않는 것에 힘쓴다. 내가 나를 알아주는 것에 최선을 다하고, 내가 마주치는 것들을 정확하게 사랑하려고 애쓴다.

여전히 이상적 가치와 현실적 안정 사이에서 치열하게 싸우며 균형을 맞춰 가고 있다. 그 과정 속에서 이리저리 움직여 왔던 지난 삶의 궤적이 어느새 하나의 지도가 되어 있다. 앞으로도 그 여정을 지치지 않고 씩씩하게 만들어 가려는 건 삶이 성공과 실패의 두 가지 결과가 아니라 무지개처럼 다양한 경험과 감각들로 채워져 더욱 아름다워지고 있다는 것을 알기 때문이다. 실패처럼 여겨졌던 순간, 상처받고 좌절한 순간, 미워하고 싫어했던 것들조차 어느새 나의 지도를 아름답게 만들어 주는 숲의 풍경이 되어 있다. 앞으로도 다양한 상황들과 사람들을 만나며 또다시 나의 기준을 조율하고 세계에 대해 이해를 넓혀 갈 것이다. 이제야 내가 선 땅을 충분히 탐색하고 혼자 여행을 떠나도 두렵지 않은 시기가 된 것 같다. 나의 주변에 기대고 의지하는 마음을 내려놓고, 혼자 경계에 서 보려고 준비하고 있다. 다시 서울 생활을 정리하고, 경북 의성에서 차근차근 귀촌을 준비하려고 한다. 중간 지원 조직에서 마을 만드는 일을 하며 나와 내 친구들, 그리고 비슷한 삶을 꿈꾸는 여성들이 안전하고 생태적으로 살 수 있는 터전을 남에게 미루지 않고 현실적인 조건에서 천천히 쌓아 보려고 한다. 너무 급하지도, 느리지도 않게 균형을 지키고 과정을 즐기면서 나를 성장시키고 조금씩 나은 변화를 세계에도 만들어 가고 싶다. 낯선 땅에서 또 홀로 서기를 하지만 여기공의 동료들도, 내 몸에 쌓인 기술의 감각들도 든든한 안전망이 되어 준다는 것을 알고 있기 때문에 크게 불안하거나 두렵지 않다. 아마 그 과정에서 또다시 실패도, 성공도, 상처도, 즐거움도 네 번의 계절이 반복되듯 반복되겠지만 과정에서 쌓인 지혜들로 나선을 그리며 조금씩 나아갈 것이다.

저도 누군가에게
좋은 '어른'이 되고 싶어졌습니다

| 씩씩이에게 |

홍아 tpwjd120@gmail.com

안녕하세요. 저는 소풍가는 고양이에서 9년간 일했던 홍아라고 합니다. 이 글을 쓰고 난 뒤 소풍가는 고양이는 폐업을 하게 되어, 저는 그만두게 되었습니다. 지금은 실업 급여를 받으며 쉬고 있습니다.

얼마 전 교육공동체 벗으로부터 청년 여성의 삶과 일에 대해 글을 써 달라는 청탁을 받고 이렇게 글을 쓰네요. 저는 씩씩이와 소풍가는 고양이(소고)에 하고 싶은 말이 많아서 씩씩이에게 보내는 편지 형식으로 써 볼까 해요.

씩씩이를 처음 알게 된 게 벌써 10년 전이네요. 이때까지 저를 돌아보는 글은 많이 썼는데, 씩씩이에게 보내는 편지는 10년 동안 한 번도 쓴 적이 없는 것 같아요. 참 정 없게도요.

글을 시작하려니, 옛날 추억들이 많이 떠오르네요. 10년 전 하자센터라는 곳을 우연히 알게 되고, 거기서 씩씩이를 만났죠? 저는 하자센터에서 처음 씩씩이를 봤는데, 씩씩이는 그 전에 어떤 연구를 하면서 저를 인터뷰한 적이 있어서 절 안다고 하셨죠. 그래서 씩씩이가 처음부터 왠지 모르게 반가웠어요.

하자센터에서 여러 프로젝트 중 무엇을 할지 선택을 해야 하는 때가 왔어요. 저는 씩씩이와 안면이 있었던지라 씩씩이가 하는 연금술사 프로젝트를 선택했죠. 하지만 씩씩이는 제가 오는 것을 원치 않았다는 얘기를 몇 년 후에 들었어요. 제가 뭔가 가

ⓒ《길고양이가게》스틸 컷

소풍가는 고양이의
첫 터전

소풍가는 고양이의 구성원들

버워 보여서 그랬죠?

처음에 전 연금술사 프로젝트가 뭘 하는 건지 몰랐어요. 음식 장사를 해 밥벌이를 하는 프로젝트라는 얘기를 듣고 매우 심란했어요. 전 심지어 연금술사 프로젝트가 음악을 하는 것인지 알고 있었거든요. 당시 청년 취업 문제가 이슈가 되었고, 굳이 대학에 가지 않아도, 이른바 스펙이 없어도 일할 수 있는 공간을 만드는 게 연금술사 프로젝트의 목적이었죠. 뭐 어쨌든 선택했으니, 시작했던 것 같아요. 어차피 돈을 벌기 위해 일은 해야 하니 그 수단이 뭐든 크게 개의치 않았던 것 같아요. 청소년/청년들로만 창업을 하기에는 어려움이 있어서 씩씩이와 차차가 하자센터를 그만두고 함께하게 되었죠.

'소풍가는 고양이라는 이름의 도시락 가게를 창업할 것이다.' 이건 정해져 있던 것이고요, 그 외에 가게를 보러 다니고, 장사할 때 필요한 물품들을 생각해서 같이 구매하고…… 작은 것 하나하나 같이 했던 기억이 나네요. 참, 가게 옆 벽에 벽화를 그리는 작업도 했었죠? 재미난 일을 많이 했던 것 같아요. 그렇지만 장사를 할 기본적인 큰 틀은 '어른'들이 다 세팅을 해 놓고 저희는 거기에 투입된 느낌이랄까. 전 알바 경험도 없었고, 서비스는 1도 몰랐고, 심지어 요리는 더더욱 못 했죠. 그런 상황에 제가 요리를 하고, 장사를 해 돈을 벌어 먹고살아야 한다니. 저에게는 참 뜬구름 같은 얘기였죠. 그런 저를 이해시키고 가르쳐야 했다니, 제가 생각해도 그때 씩씩이는 참 힘드셨을 것 같아요.

맨 처음 제가 자전거를 타고 배달 갔을 때 기억하세요? 소고에 있는 큰 동네 지도를 보고 배달 장소를 익히고 호기롭게 배달을 갔죠. 그런데 가다 보니 점점 알 수 없는 곳으로 가 버렸어요. 땀인지 눈물인지 알 수 없을 정도로 얼굴은 젖고 빨개졌어요. 심지어 길 잃은 아이처럼 엉엉 울기도 했어요. 그렇게 1시간을 넘게 해매고 돌아다니다 겨우겨우 소고를 찾아 돌아왔었죠. 저는 뭔가 잘못한 사람처럼 쭈뼛쭈뼛 긴장하고 가게로 들어갔어요. 그때 씩씩이가 물 한잔을 주면서 '고생했다, 이거 마시고 쉬고 있어'라고 말해 주었죠. 저는 되게 놀랐어요. 엄청 혼날 줄 알고 긴장하고 있었거든요. 씩씩이의 말을 듣고 그간의 모든 감정과 마음이 사르르 녹아내렸어요. 그러면서 막연히 '여긴 굉장히 좋은 곳이야', '씩씩이는 굉장히 좋은 어른이야' 하고 생각했던 것 같아요.

소고에서 일을 하면서 굉장히 많은 실수를 했죠. 저의 게으름이 빚은 실수도 있었고, 정말 실수이기도 한 실수도 있었죠. 엄청나게 많았던 걸로 기억해요. 그 애기를 다 하려면 하룻밤을 새야 할 정도?

사실 소고 구성원 중 그 누구도 장사를 해 봤거나 요리를 할 줄 아는 사람이 없었고, 그건 씩씩이도 마찬가지였죠. 그런 상황에서 씩씩이가 주변 사람들에게 조언을 얻으면서 지금까지 소고를 이끌어 왔을 거라 생각하니, 참 고생했겠다, 힘들었겠다, 하는 생각이 드네요.

처음에는 정말 아무것도 몰랐어요. 일에 대해서도 몰랐지만, 소고가 어떤 취지와 목적으로 만들어졌는지에 대해서도 별로 중요하게 생각하지 않았어요. 그 당시의 저에게 큰 의미가 없었다고 하는 게 맞을 것 같아요. 그때의 저는 어떤 삶을 살고 싶다는 생각도 없었어요. 그냥 돈은 조금씩 벌면서 내가 좋아하는 거나 하고 살아야지 했었죠. 저에게 소고는 음식을 만들어서 포장한 후 판매해서 돈을 버는 도시락 가게 정도의 의미였어요. 반찬 담으라고 하면 담고, 배달 가라고 하면 가고, 요리하라고 하면 하고…… 그렇게 지냈죠. 물론 그마저도 썩 시키는 대로 잘한 건 아니지만요. 소고에서 무언가를 상의하고 결정할 때도 딱히 의견이라는 게 없었죠. 그냥 '하면 하고, 말면 말고' 하는 태도였던 것 같아요.

근데 의외로 소고가 잘되더군요. 주문량이 많아지면서 일도 많아졌죠. 그렇다고 우리가 일하는 만큼 돈이 벌리지는 않았어요. 그래서 반찬을 사다가 쓰는 방식에서 직접 요리를 하는 방식으로 바꿨죠. 그래야 비용을 줄일 수 있으니까요. 조리된 상태의 음식을 받아 오면 단가가 비싸지니 우리가 직접 요리를 해서

ⓒ 〈길모퉁이가게〉 스틸 컷

소풍가는 고양이의 작업 모습

비용을 줄이자는 그런 결정이었죠. 직접 요리를 하면서 정말 장사 같은 장사를 시작했던 것 같아요.

점점 주문량은 우리가 소화할 수 없을 정도로 많아지고, 새벽부터 나와 음식을 만들고 포장을 하면서 주문을 소화했죠? 그래도 그때는 늦은 밤까지 일을 하면서도 참 재미있었던 것 같아요.

그때를 떠올리면 제일 먼저 기억나는 일이 있어요. 이른바 '717사태', 씩씩이도 잊지 못하시겠죠? 그때 저희한테 제일 큰 주문이 들어왔었잖아요. 주먹밥 1,000개를 주문받았었죠. 그 양을 소화하기 위해 머리 붙잡고 열심히 계획했어요. 늦은 밤까지 주먹밥 속 재료를 다지고 또 다음 날 새벽에 나와 하루 종일 주먹밥만 만들었죠. 그렇게 실수 없이 주문을 잘 소화하고 배달을 갔는데, 상온에 재료가 너무 오래 나와 있어 배달 가는 와중에 그만 주먹밥이 다 상해 버리고 말았어요. 지금은 추억으로 남았지만, 그때 음식물 쓰레기통에 1,000개나 되는 주먹밥을 버리면서 눈물을 머금었었죠. 참 많은 실수와 깨달음을 반복하면서 소고는 성장해 온 것 같아요. 많은 우여곡절이 있었지만, 소고 구성원들 덕분에 열심히, 재미있게 일을 했었죠.

그러면서 또 한편으로 고민이 찾아오기도 했죠. 생각해 보면 소고는 고민의 연속이었던 것 같아요. 점점 소고가 성장을 하면서 소고에 인턴십을 하러 오는 친구들도 많아졌죠? 성미산학교

나 푸른꿈고등학교에서도 오고 개인적으로 일하러 오는 친구들
도 있었고요. 여러 친구들이 소고를 거쳐 갔는데, 다들 얼마 일
하지 못하고 그만두게 됐죠.

　소고는 비진학 청년들의 자립을 위해 만들어진 공간이지만,
낮은 임금은 역설적으로 빈곤 청년들의 유입을 허락하지 않았던
것 같아요. 저 역시 상대적으로 조금 경제적 여유가 있어서 소고
에서 계속 일할 수 있었을 거예요.

　후배들이 점점 생기면서 저도 많은 생각을 하게 되었고 한편
으로 저 스스로도 많이 성장할 수 있는 계기가 되었어요. 소고에
서 늘 제게 따라붙는 수식어가 있었죠. 청년 이사, 창업 멤버 혹
은 선배……. 그런 수식어를 들을 때, 혹은 누군가에게 그렇게 소
개될 때, 저는 부끄러웠어요. 내가 그 수식어에 적합하게 일을 하
고 있는 것일까? 아닌 것 같았거든요. 그냥 포장된 느낌이 너무
컸어요. 저는 한참 부족하다고 생각했죠. 후배들을 대할 때나 가
르칠 때 많이 생각했어요. '씩씩이와 차차가 나를 이끌 때 이런
느낌이었겠구나. 많이 힘들었겠다. 많이도 참았겠다.' 그래서 후배
들을 볼 때 괜히 부끄럽고, 내가 이들에게 씩씩이나 차차처럼 좋
은 영향을 줄 수 있을까? 고민하게 되었어요.

　그래서 점점 더 노력했던 것 같아요. 부끄럽지 않으려고요. 그
리고 제가 많이 부족해서 씩씩이와 차차를 고생시켰다는 것을
깨달았어요. 열심히 노력해서 씩씩이와 차차를 조금이라도 덜 힘

들게 해 주고 싶었어요. 그렇게 점점 요리도 직접 할 수 있게 되고, 단가 계산도 배우고, 장도 보러 다니고…… 제 위치에서는 나름 열심히 일했던 것 같아요. 물론 씩씩이가 생각하는 기준에는 못 미쳤을 수도 있지만요.

그런데 소고가 점점 성장할수록 저는 너무 버거워지고 힘들었어요. 씩씩이에게 많이 징징거리기도 하고 그만둔다는 얘기도 여러 번 했죠. 씩씩이는 늘 제 옆에서 토닥여 주고, 붙잡아 주고 했잖아요. 하지만 저는 씩씩이에게 한 번도 제 속마음을 솔직하게 말하지 못했어요. 제가 왜 힘든지를 이야기하면 씩씩이의 의지와 희생에 상처를 주게 될까 봐요. 제게는 힘든 점이 씩씩이에게는 힘든 문제가 아닌 것 같았고, 저는 씩씩이가 그려 놓은 그림에 따라 성숙함을 요구받는 느낌이었어요. 그래서 늘 마음이 무겁고 불편했어요.

제가 소고에서 일하면서 가장 힘들고 고민이 많아진 시점은 전문 조리사인 나무를 채용했을 때예요. 사실 전문 조리사가 들어왔으니 음식의 질도 좋아지고 일도 많이 수월해질 거라 생각했어요. 근데 일은 더 많아지고, 바빠지고, 노동 강도는 감당하기 힘들 정도로 세졌죠. 전문 조리사가 들어오니 기준치도 높아지고, 일하는 사람이 늘면서 그만큼 돈도 더 벌어야 했으니까요.

ⓒ 〈길모퉁이가게〉 스틸 컷

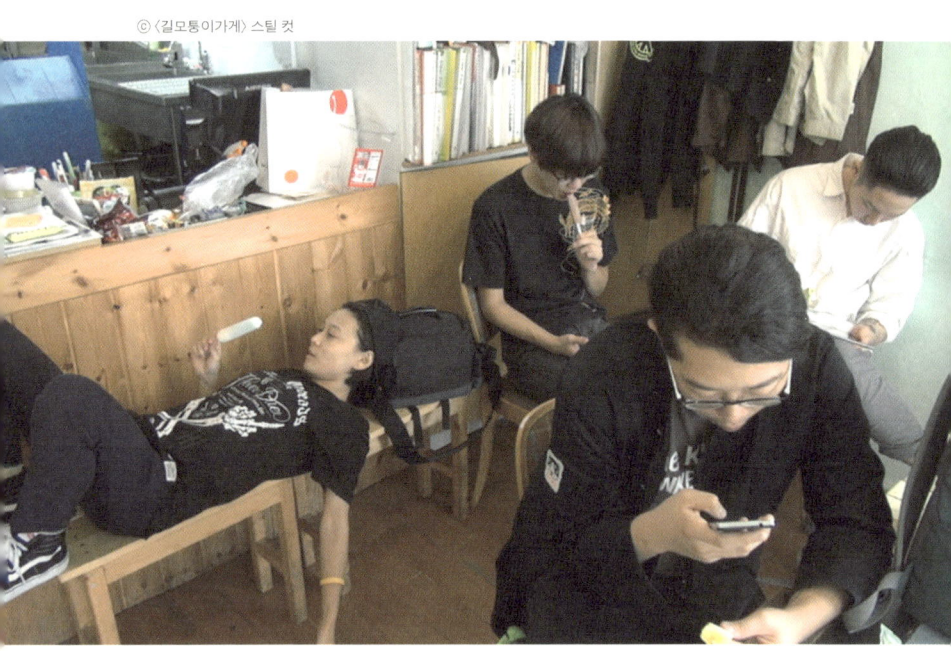

어느 여유로운 휴식 시간

나무도 저희랑 같이 일하면서 힘든 점을 많이 토로하셨죠. 일반적인 회사 분위기가 아니니 나무도 많이 당황했을 거예요. 당연히 나무 입장에서는 소고가 굉장히 불합리해 보였을 거예요. 나무에 비해서 조리 실력들도 한참 아래인데 소고의 모든 것들이 청년들에게 치우쳐 있었으니까요. 나무가 온 뒤 소고 창립 이래로 최고 매출액을 찍게 됐죠. 정말 소고가 급격히 성장했던 것 같아요.

반복하여 말하게 되지만, 저는 그 당시가 제일 힘들었어요. 나무의 기준에 맞춰 절 끌어올려야 하고, 씩씩이의 기대를 만족시켜야 한다는 부담감이 제일 컸던 것 같아요. 하지만 저는 늘 두 분을 만족시켜 드리진 못했죠. 그때는 어른들의 화살이 다 저한테로 향하는 느낌이었어요. 어른 구성원의 희생이 제 책임이라는 생각이 들더라고요. 소고가 성장하면 할수록 저도 같이 성장해야 하는데 저는 그걸 따라가지 못하겠고, 그러면서 제 탓을 굉장히 많이 했어요. 제가 부족해서 그렇다고요.

한편으로는 소고가 돈을 많이 벌면 벌수록, 성장하면 할수록 모순적으로 되어 가는 느낌도 들었어요. 소고는 사회적 기업인데, 가치를 추구하면 돈을 벌 수가 없고, 수익을 내려면 가치를 추구하기 어렵고요. 소고는 비진학 청년들의 자립을 위해 만들어진 공간인데, 목표 매출액을 달성하려면 역량이 높아야 했고 전문성도 필요했어요. 그 속에서 저는 '스펙'도 없고 전문성도 없는 비숙련자 20대로서 제 위치와 입장에 대한 딜레마를 계속 느꼈어요. 처음 일을 시작할 때부터 낮은 위치의 사람으로 평가를 받았고, 그건 지금도 크게 달라진 것 같지 않아요. 소고에서 꽤 오래 일했는데도 말이죠. 어쩌면 사회적 기업이라는 것 자체가 성공하기 어려운 것 아닌가 생각하기도 했습니다. 물론 나무가 들어온 뒤로 저의 기술적인 부분은 엄청 성장하게 됐죠. 이제 100인분은 저 혼자서 눈 감고도 할 수 있게 됐으니까요. 나무가 없었다면 이 정도의 역량을 갖기는 어려웠을 거라고 생각해요.

아직도 고민이 많지만, 그래도 이제는 씩씩이와 차차를 많이 이해하게 되었어요. 두 분이 뭘 위해서 이렇게까지 달려왔는지 아니까요. 그리고 그게 제가 소고를 지금까지 그만둘 수 없었던 가장 큰 이유이기도 해요. 어느 조직이든 리더 역할을 하게 되면, 당연히 쓴소리를 하게 되고 강해져야 할 수밖에 없는 것 같아요. 저라도 그랬을 것 같고요. 그 역할을 소고에서는 씩씩이와 차차가 했고, 저는 다른 구성원들의 긴장을 풀어 주는 역할을 했던 것 같아요. 쓴소리를 하는 사람은 당연히 욕을 먹을 것이고, 씩씩이나 차차에 비해 다른 구성원들은 준비가 되어 있지 않기도 했고요. 그래서 이끌기가 더 어려웠을 거예요.

저는 씩씩이가 좋은 사람이란 걸 알고, 씩씩이를 통해 좋은 삶

소풍가는 고양이가 성장하고 후배들도 들어오면서
그만큼 책임감도 무거워졌다.

소풍가는 고양이와 씩씩이를 통해
좋은 삶에 대해 배웠고,
나도 다른 누군가에게 좋은 '어른'이 되고 싶어졌다.

에 대해서 많은 것들을 배웠어요. 그리고 저도 다른 누군가에게 좋은 '어른'이 되고 싶다는 희망도 생겼고요. 소고와 씩씩이는 저의 가장 큰 스승이자 벗이에요.

이 편지를 쓰다 보니 씩씩이가 저에게 시켰던 에세이나 매듭짓기 글 같은 느낌이 드네요. 지금은 씩씩이가 많이 힘들어 안식년을 보내고 있는데, 아마도 제가 이런 글을 쓸 거라 생각을 못 하고 계시겠죠? 이렇게 소고에서의 세월을 곱씹어 볼 기회가 생기니 새롭네요. 예전에는 씩씩이가 나를 돌아보는 과정을 만들어 주셨는데 말이죠. 이제는 씩씩이 본인을 돌아보고 쉬는 시간을 가졌으면 좋겠어요. 마지막으로 씩씩이, 그리고 차차에게 9년 동안 소풍가는 고양이를 이끌고 지켜 줘서 매우 고생했고, 고맙다는 말을 꼭 하고 싶어요.

2019년 12월 5일
홍아 드림

덧붙여

이 글을 쓰고 나서 얼마 뒤 소풍가는 고양이는 문을 닫게 되었어요. 씩씩이가 몸이 좋지 않아서 장기 휴가를 쓰게 됐는데 그게 길어지면서 대표 자리가 계속 공석이 된 거죠. 거기다 차차는 육아 휴직을 쓰는 상황이었고 조리사인 나무까지 그만두게 되면서, 소고에 일할 사람이 거의 없어진 셈이죠. 완전 '멘붕'이었어요. 하지만 들어오는 주문을 받으면서 계속 일을 했죠. 이때 허밍이 저에게 굉장한 힘이 되어 줬어요. 허밍은 소고에서 행정을 담당하고 있는데, 주방에서 일할 사람이 없으니 마다하지 않고 저희를 도와주면서 이끌어 오셨어요.

그럼에도 불구하고 매출은 안 나고, 일하는 사람도 힘들어지고, 소고를 계속 이어 가야 하는지 고민을 하게 됐죠. 그러다 결국 폐업이라는 결정을 하게 된 거예요.

사실 씩씩이가 회복한 후 돌아올 수 있도록 소고를 지키고 싶었어요. 하지만 저도 지쳐 있어서 소고를 지켜 내지 못했던 게 제일 아쉬운 부분이에요. 지금도 소고가 폐업했다는 게 실감이 나지 않아요. 폐업하고 제대로 인사도 나누지 못하고 헤어졌거든요.

송별회 날을 잡으려 하는 와중에 코로나19 사태가 터져서 만나지도 못하게 되었죠. 근데 생각해 보니, 코로나 사태가 시작되기 전에 폐업을 했던 게 다행이라는 마음도 듭니다.

정들었던 곳이 사라져서 섭섭하긴 하지만 그동안 모두가 얼마나 애써 왔는지 알기 때문에 이제는 좀 쉬면서 이때까지 못 했던 것들, 미뤄 왔던 것들을 했으면 좋겠어요.

다들 고생했다고 박수를 쳐 주고 싶습니다.

저는 지금 실업 급여를 받으며 쉬고 있는데 소고에서의 이력

덕분에 다른 몇 곳에서 일하자는 제의가 들어와서 한번 해 볼까 솔깃해하고 있습니다.

저는 뭘 할지 이제 고민하기 시작한 거 같아요. 제 삶을 어떻게 꾸려 나갈지 가장 신경 쓰고 있어요. 뭘 하고 살지는 모르겠지만, 잘 살겠죠 뭐.

노래하는 미장이

| 나는 장인이 될 수 있을까 |

화경 hkeong1015@gmail.com

미장하고, 음악하며, 때때로 아르바이트 노동자로 살아가는 화경입니다. 지금은 서울혁신파크에 위치한 크리킨디센터의 미장공방 매니저, 브라질 음악 팀인 페스테자의 멤버, 백화점 노동자로도 지내고 있습니다.

임금 빼고 모든 것이 비싼 도시에서 꿈도 계속 꾸고 싶고, 꿈 때문에 배를 곯을 순 없고, 와중에 친구 만날 시간은 늘 갖고 살고 싶어 여러 일을 조금씩 하고 있습니다.

미장은 흙, 회 등의 반죽을 벽과 천장, 바닥에 바르는 일, 혹은 그런 일을 하는 기능공을 뜻하는 말로 한글로 된 개념입니다. 저는 처음에 당연히 아름다울 미美에 장인 장匠이나 꾸밀 장裝 같은 한자어로 생각했는데 그 어원을 찾아보니 실제 작업만치 어원 역시 복잡 미묘하더라고요.

아주 옛날에는 진흙으로 벽을 발랐으니 진흙을 뜻하는 진흙 니泥에 기술을 다루는 사람을 뜻하는 장인 장匠 자를 사용해 '니장'이라고 썼다고 합니다. 그런데 '니' 자가 중국어 발음으로는 '미'로도 읽을 수 있고, 한국어로도 니은과 미음의 발음이 비슷해 혼용해서 쓰다 시간이 지나며 미장이라는 한국어 개념으로 자리 잡았다고 합니다.

니장이 미장이 되기까지의 긴 시간만큼, 미장은 인간이 집을 짓고 살기 시작한 때부터 오랜 시간 전통적으로 건물의 내·외부의 표면을 마감할 때 쓰였던 기술입니다. 그렇지만 지금 한국 건축에서는 벽지와 페인트를 주로 이용하고 있어 미장은 오히려 낯설고 생소한 단어가 된 듯합니다.

'후기청소년일학교' 과정 중,
판 미장 작업을 마치고 찍었다.

저 역시도 몇 년 전까지는 미장원의 미장 말고는 들어 본 적이 없었으니까요. 여러 우연과 인연, 공부를 통해 지금은 미장을 제 삶의 일부로 가져오게 되었습니다.

삼평리에서 시작된 삶의 전환

5년 전 이야기입니다. 당시 열아홉 살이던 저는 대안학교를 졸업하고, 학교에서 했던 뮤지컬의 매력에 빠져 극단에 들어가 연극을 하며 지내고 있었어요. 어느 날 연극 팀에 경북에 위치한 청도의 삼평리라는 곳에서 〈밀양 아리랑〉을 좀 춰 보려고 하는데 춤을 가르쳐 주고 함께 춰 줄 수 있냐는 연락이 와서 가게 됐어요.

요청을 받은 당시에는 정확히 그곳에서 어떤 일이 벌어지고 있고, 어떤 마음으로 춤을 추려고 하는지 잘 알지 못한 채 갔습니다. 바깥에 가만히 서 있기만 해도 땀이 주룩주룩 흐르던 여름, 청도에는 345kV 송전탑이 들어서고 있었고 주민들의 '345kV 송전탑 건설 반대' 투쟁이 한창이었습니다.

무궁화호를 타고, 버스를 갈아타 한참을 간 그곳에서 저는 가장 먼저 경찰차를 보았습니다. 전형적인 2차선 시골길의 한 차선에 빼곡히 줄지어 서 있는 경찰차를 한참 걸어 지나서야 바닥

은사시나무가 아름다웠던 평화로운 삼평리에
들어선 송전탑의 모습

에 돗자리를 깔고 앉아 있는 사람들을 볼 수 있었습니다. 팽팽한 대치 상황 속에서 공사장 인부들과 경찰들, 삼평리 주민들과 연대자들의 고성이 오갔습니다. 처음 보는 광경에 다리가 후들거리고, 가슴도 크게 두근거렸습니다. 동시에 아주 많은 질문들이 머릿속을 헤집어 놓았어요.

'밭일을 한창 해야 하는 농민분들이 왜 여기 나오셨을까. 왜 경찰들은 주민들을 연행하는 거지? 송전탑이 뭔데 이렇게 싸우는 걸까?' 그렇게 춤을 추러 간 그날 이후 며칠을 삼평리에서 지냈습니다. 이후에 집에 돌아와 제가 만난 광경을 이해하고, 그때 느꼈던 분노와 속상함이 어디서 비롯된 것인지 알고 싶어 송전탑을 둘러싼 투쟁과 핵발전소에 대해서 공부하기 시작했습니다. 체르노빌 핵발전소 사고, 히로시마 원폭 투하 사건, 밀양의 송전탑 건설 반대 투쟁과 관련된 책과 기사를 읽고 영상을 보면서 큰 충격에 빠졌습니다. 마을의 붕괴, 생존권, 핵발전소, 송전탑, 방사능, 그리고 수십, 수백의 주민을 지켜 주지 않는 경찰, 누군가의 자녀, 형제일 그들의 얼굴…….

공부를 하면 할수록 스스로 답할 수 없는 질문들이 꼬리에 꼬리를 물고 이어졌습니다. 하지만 딱 한 가지, 지금의 전기 생산 시스템 구조가 정말 잘못되었다는 것은 명확히 알 수 있었습니다. 도시 생활의 편리함, 대량 생산과 빠르고 값싼 소비를 지탱하기 위해 엄청난 전기가 필요하고, 그 에너지를 감당하기 위해 핵발전소를 짓고, 그 핵발전소는 결코 에너지를 가장 많이 쓰는 도시가 아닌 지방 외곽에 지어지고, 결국 그 전기를 나르기 위해 송전탑이 세워지고 있었습니다. 그리고 제가 살아가던 삶 역시 그와 무관하지만은 않다는 것을, 누군가의 눈물을 타고 흐르는 전기와 그 위에 세워진 기반 덕에 유지되었다는 것을 알게 되었습니다. 동시에 "우리가 밀양이다", "우리가 삼평리다"라는 말을 진심으로 말하게 되었습니다.

이제 이전과 똑같이 살 수는 없다고 생각했습니다. 마음은 활활 타오르고 뭔가 달라져야 한다고 생각은 하는데 어떻게 환골탈태할 수 있는지는 누구도 알려 주지 않았습니다.

예. 저는 당장 요리도 잘 할 줄 모르고, 농사도 못 짓고, 옷도 만들 줄 모르고, 집 지을 기술도 없습니다. 그냥 도시에서 태어나 모든 것을 사서 쓰고 먹고 입고 살아오며 제 손으로 할 수 있는 것이 거의 없었습니다. 어떻게 삶에서 작은 전환을 시작할 수 있을까 고민하던 중에 발견한 개념이 슈마허의 '적정기술'이었습니다. 적정기술은 제3세계의 지역적, 문화적, 정치적, 환경적 조건들을 고려하여 만들어진 기술로 알려져 있는데요, 제가 처음 알게 된 적정기술의 뜻은 조금은 달랐습니다. 제3세계가 아닌 바로 내가 살아가는 곳, 그 자리에서, 소수의 전문가만 접근 가능한 하이테크놀로지가 아닌, 삶 속에서 필요한 기술들을 여러 조건들을 고려하여 적정한 수준으로 할 수 있는 기술이었습니다.

말 그대로 눈이 번쩍 뜨이더군요! 저는 삶을 스스로 꾸려 갈 수 있는 손을 가지고, 세상에 대해 노래할 수 있는 사람이 되자고 결심했습니다.

미장, 이상하고 아름다운

결심 이후 찾게 된 곳이 하자작업장학교의 청년과정이었습니다. 적정기술을 활용해 청년들이 집을 짓고, 농사도 하고, 브라질 음악도 하고, 세상살이 공부도 한다고 하니 바로 상경할 준비를 해 스무 살이 되던 해 청년과정에 들어갔습니다. 그때 본격적으로 미장과의 인연이 시작됐습니다. 학교에서는 살림집(적정기술을 활용해 청년들이 짓는 컨테이너 하우스) 프로젝트가 한창일 때였는데, 의욕만 넘치고 마땅히 다룰 수 있는 전동 공구도 없고 집 짓기에 대한 지식도 없어 그나마 맨손으로 시작할 수 있었던 미장을 무작정 열심히 하게 됐습니다. 그때는 다들 미장이 처음이라 작업에 대한 노하우가 하나도 없었습니다. 그저 있는 힘으로 무작정 작업을 했고, 미장을 하고 나면 손목이 너덜거리는 게 일상이었고요. 저는 속으로 '아, 적정기술도 마찬가지로 힘들구나. 아무리 노동 집약적 기술이라지만 이게 적정한 게 맞나?' 여러 생각을 했습니다. 이후에 살림집 보수도 계속해야 했고, 학교

하자센터의 살림집 공사 사진.
살림집은 적정기술을 활용해 청년들이 짓는
컨테이너 하우스이다.

에서 워크숍도 하게 되면서 자연스럽게 몇 번 더 미장을 접했습니다. 이론을 공부하고, 반죽에 대한 감, 흙손질에 대한 감각을 익혀 가며 처음에 작업이 고됐던 이유를 찾아내고, 그런 문제들이 제 손으로 바뀌어 가는 모습을 보니 점점 재밌어졌습니다.

미장을 하면서 흙을 모래랑 잘 섞고, 볏짚을 잘라 비비고, 그걸 벽에 바르는 과정까지, 잡생각을 할 틈이 없는 시간이 명상처럼 느껴지고, 음악을 틀고 반죽을 발로 개며 춤추듯 하는 작업은 놀이로 느껴지기도 했습니다. 제 몸과 손에 일하는 감각, 만드는 감각이 다시금 깃드는 과정이었던 것이죠. 흙이 색을 갖고 벽이 되고, 그 벽이 허물어지며 다시 자연으로 돌아가는 모습에 대한 경외심과 함께 저는 미장의 세계에 빠져들었습니다.

여성 기술자로 산다는 것

본격적으로 미장을 시작한 지는 2년 정도, 미장을 시작하고 계속 작업을 이어 온 지는 5년 가까운 시간이 되었습니다. 기술을 숙련하는 시간으로는 많이 부족합니다. 세계로 고개를 돌려 보면 날고 기는 엄청난 실력자들이 많음은 당연지사고요. 그렇지만 국내에서 흙 미장과 같은 생태 미장은 아직 그 필드가 넓지 않고, 청년 미장이들은 더욱이 적어 제 또래에서 저와 같은 작업을 하는 사람들은 많지 않습니다. 해서 제 입으로 말하기 부끄럽지만 적어도 제 나름대로 실력을 쌓아 가고 있고, 잘해 나가고 있다고 생각합니다.

그렇지만 저는 종종 작업자로 선 자리에서 그저 '젊은 여성'으로 치환당하는 불쾌한 경험을 하기도 했습니다. 그런 일을 겪을 때면 '나의 나이와 성별이 영향을 주는 걸까?' 하는 생각에 작업이 끝나고도 몇 배의 시간을 들여서 고민하고 그 시간을 되돌아보았습니다. 주변의 동료들과 이야기를 나누고 여러 여성 작업자들의 인터뷰와 경험담들을 보면서, 때로는 제게 불쾌함을 준 사람은 어디서나 못되게 구는 사람이겠구나 싶었고, 때로는 정말 겉으로 보이는 제 모습만을 보고 저를 함부로 대했다는 것을 알았습니다. 그리고 후자와 같은 경우는 '차별'에 해당되는 문제이고, 여성 작업자들의 발화를 통해 문제를 제기하고 사회적 인식이 바뀌어 나가야 한다고 생각합니다. 제 개인의 경험임을 당부드림과 동시에, 한편으로는 가장 개인적인 것이 가장 정치적인 것이라는 말에 기대어 작은 용기를 내어 여성 작업자로서 저의 경험들을 나눠 보려 합니다.

박람회에서 구경하는 시민들을 대상으로 미장을 선보이는 작업을 하고 있을 때의 일입니다. 혼자 작업을 하고 있던 제게, 중년의 남성분이 대뜸 "그렇게 하는 게 아니야!"라며 다가오셨습니다. 그분은 본인이 소싯적 미장을 좀 했다며 저에게 반말로 일방적으로 가르치기 시작했습니다. 그분이 하셨다던 시멘트 미장과 당시에 제가 선보이고 있던 미장은 완전히 다른 종류의 작업이라 설명을 드렸지만 그럼에도 그분은 기어코 제 흙손을 가져가 몇 번 반죽을 발라 보기까지 하셨습니다. 이후에도 그 박람회가 끝날 때까지 저는 몇 번의 훈수와 여러 차례의 반말을 들었습니다. 박람회 기간 동안 제 옆 부스에서는 저와 또래인 남성 동료의 목공 작업이 진행되었습니다. 그리고 그는 제가 겪은 종류의 무례한 일을 단 한 번도 겪지 않았습니다. 아무도 그에게 대뜸 다가와 작업을 평가하거나 무례한 언사를 던지지 않았다는 거죠.

다른 에피소드를 하나 더 들려드리겠습니다. 작업 와중에 급하게 벽돌 더미를 감쌀 비닐 롤을 사야 하는 상황이 생겼습니다. 가장 가까운 종합상사로 달려가, 필요한 용도에 맞는 비닐 롤이 있냐 물었습니다. 가게에서는 딱 하나 남아 있는 롤이라며 제게 전해 주었습니다. 급했던 터라 바로 결제를 하고 작업장으로 돌아와 사용을 한 후 영수증을 살펴보니 보통 시세보다 비싼 가격이 찍혀 있었습니다. 아무래도 덤터기를 쓴 것 같다는 생각에 분해서 씩씩대는 저 대신 남성 동료 혼자 다시 가게로 찾아갔습니다. 가게 주인은 저에게 판 롤은 특수 처리가 되어 있어 야외에서도 잘 삭지 않는 제품이라 비싸며 그 외 저렴한 롤도 많이 있다고 제 동료에게 설명해 주었다고 합니다. 왜 제게는 그런 설명을 해 주지 않았는지, 왜 그 외에도 다양한 제품이 있다고 안

지식순환협동조합 수작 워크숍에서
손으로 반죽을 하는 모습이다.

내해 주지 않았는지 너무 억울하고 화가 났습니다. 저는 언제쯤 이런 무례한 일을 겪지 않을 수 있을까요?

몇 번의 일을 겪으며 저는 약간 오기가 생긴 것 같습니다. 겁도 많고 말도 잘하진 못해서, 매번의 사건 앞에 따지고 들지는 못하지만 어느 자리에서건 저다움을 잃지 않고, 제 자신으로 존재하며 열심히 미장하면서 버텨 보려고 합니다. 어디선가 어느 날 흙손을 잡게 될 각양각색의 소녀들을 생각하면서요.

벌새의 마음으로

학교를 다니며 한 손으로는 미장을 놓지 않고, 남은 한 손으로는 계속 세상살이 공부를 했습니다. '생태', '평화', '함께 살기'라는 키워드 안에서 하게 된 공부는 말 그대로 또 다른 세상을 보여 주었습니다.

농사를 하기 위해 뒤집은 아스팔트 아래에는 흙이 아닌 도시가스 배관과 수도관 들이 가득이었다는 선배들의 이야기, '기후 변화'를 넘어 '기후 비상사태'가 선언되고 있는 전 지구적 기후 문제, 봄-여름-가을-겨울 사계절이 아닌 '미세먼지-여름-미세먼지'로 불릴 만큼 심각한 미세먼지, 여전히 그 피해가 현재 진행형인 일본 후쿠시마 핵발전소 사고, 인간이 가닿을 수 있는 가장 깊

방바닥 미장에 들어갈 볏짚을 손질하는
크리킨디센터 미장공방 마스터 클래스 참가자들.

은 바다에서도 발견되는 플라스틱, 그리고 하얗게 소리치며 죽어 가는 산호들, 304명의 우주가 사라진 세월호 참사까지. 아주 많은 재난이 일어나는 세상에서 '무언가 한다고 해도 변할 수 있는 걸까?' 자주 낙담하게 되기도 했습니다. 어떤 마음으로 세상을 살아갈 수 있는 것인지 마음이 무너질 때 학교에서는 케추아 부족에 의해 만들어지고 전래되어 온 크리킨디(벌새) 이야기를 다시 돌아보았습니다. 불타는 숲에서 모든 동물들이 도망칠 때 세상에서 가장 작은 새인 벌새는 물 한 방울을 나르며 '나는 내가 할 수 있는 일을 할 뿐이야'라고 말했다는 우화입니다.

어느 날은 같이 공부하던 동료들과 버마의 요신데베와의 〈Simple Life〉라는 노래에 크리킨디 우화를 풀어 가사를 붙이게 됐는데요. 이 노래를 여러 사람들과 함께 부를 때면, 아무리 어려운 세상이라도 하루하루씩 살아가 보자 하는 마음이 들었습니다. 가사를 소개해 드릴게요.

　　우리의 하루

　　이 세상이 어둡고 너무나 아프고 답답해도 나는 눈을 감지 않고 마주할 거야
　　이 세상에 나 하나가 눈부신 해가 되진 못해도 우리가 모두 모이면 밝힐 수 있어

서울혁신파크 안에 위치한
비전화공방에서 짓고 있는 '한평 창고'에
외부 미장 작업을 하고 있다.

영웅이 되지 않아도 내 이름 아는 사람 없어도 내 평범한 하루로 세
상을 바꾸네
우리가 살고 싶은 하루 만들 수 있는 하루 웃으며 꿈꾸는 하루 오늘
부터 살아가는 거야

이 세상은 불타는 숲 그러나 도망가지 않겠어
우리가 모으는 물방울 그 하나하나가
이 세상의 숲과 마을 조금씩 되살릴 수 있다면
언제까지라도 온 힘 다할 거야

벌새가 된다는 마음으로 학교를 졸업하고 반드시 아름답고 건
강한(지구에게도, 사람에게도) 일을 해야겠다는 생각을 했고, 저는
세상의 아픔에 대해 노래하며 몸 곳곳에는 흙을 묻히는 미장이
가 되었습니다.

좋은 일, 좋은 삶

벌새의 작은 주둥이로 불타는 숲의 불을 끄는 것이 결코 쉬운
일이 아니듯, 아스팔트 도시 위 콘크리트 건물 숲에서 흙을 비
롯한 자연 재료를 주로 삼는 미장공방의 활동도 쉬운 일은 아니

었습니다. 사람들을 만나고 미장을 가르치며, 제게 당연해진 것들을 당연하게 여기지 않는 사람들에게 이해시킨다는 것은 고된 미장 작업보다 더 어려웠습니다. 왜 이미 작업성도 좋고 완성도도 좋은 기성품들이 나와 있는데 흙과 같은 자연 재료를 굳이 쓰는지, 왜 4차 산업 혁명의 시대에 다시금 몸을 쓰는 일이 중요하다고 말하는 것인지. 제 안에서는 이미 자리 잡은 이야기들인데 좀처럼 입 밖으로는 잘 정리되어 나오지 않았습니다. 도시의 편리함에 중독된 사람들을 설득하고 싶어 현대 건축의 문제들, 미장이라는 작업의 가치들을 다시금 공부하며 정리했습니다. 그렇게 지금은 지구와 사람의 건강, 좋은 삶과 일을 위한 노동으로 미장공방의 활동을 설명하고 있습니다.

저는 일곱 살 즈음부터 아토피를 앓기 시작해 지금까지도 여름, 겨울철에는 아토피로 고생을 합니다. 아토피는 그 원인이 아직도 정확히 규명되지 않았지만, 우리가 생활하는 건축 양식이 급격하게 바뀌었던 시기와 아토피를 비롯한 새집증후군 등이 처음으로 발병하고 그 수가 많아진 시기가 맞물린다고 합니다. 그래서 많은 과학자들이 과도한 인공적 화학 물질로 범벅된 생활 양식을 각종 질병과 알레르기의 원인으로 지목하고 있다고 하고요. 주로 접착제, 보존제 등에 들어가는 화학 물질들이 문제를 일으키는 경우가 많은데요, 바로 벽지와 페인트에 대표적으로 들어가는 물질입니다. 물론, 여러 과정을 통해 사람에게 유해하지 않도록 이용할 수는 있습니다. 그러나 건물이 다 쓰이고 나서의 과정은 어떨까요? 이용된 건축 자재들은 폐기된 이후에는 재활용도 어렵고, 산업 폐기물들은 대부분 버려져 매립됩니다. 유행에 따라서 빠르게 짓고 금세 허물고 또 새로 지어지는 건물과 공간들이 늘면서 건축 폐기물의 양이 기하급수적으로 늘고 있어 처치 곤란한 상황이라고 합니다. 어떤 물건이 만들어지고 이송되는 과정에 투입되는 에너지의 총량을 내재 에너지(단위 kWH/m^3)라고 하는데요, 콘크리트는 500, 시멘트 벽돌은 1,140, 알루미늄은 19만 5,000입니다. 그에 반해 흙은 8에 불과합니다. 〈교토의정서〉에 따르면 선진국은 2050년까지 철근 소비를 현재 사용량에서 80%, 알루미늄은 90%, 시멘트는 85%를 줄여야 한다고 하고요. 석유와 석탄의 고갈을 앞둔 시대에 우리는 앞으로 어떤 건축재를 써야 할까요?

우리 몸에도 무해하고 지구에도 피해를 덜 주는 삶으로의 전환이 진정으로 필요한 때라고 생각합니다. 크리킨디센터 미장공방에서는 가장 오래된 건축 재료인 흙에 다시 주목하면서 사람과 지구 모두에 좋은 삶과 좋은 일을 만들어 보려 하고 있습니다. 당장 모든 공간에 흙 미장을 할 수는 없겠지만, 보다 더 많은 사람들과 긴 시간 생활하는 실내 공간이 어떻게 구성되어 있는지 돌아보는 것에서부터 시작해 보고자 하는 것이지요. 이런 이야기를 하고 나면 많은 분들께서 고개는 끄덕거리시지만, 정작 미장을 하는 데는 쉽게 엄두를 내지 못하시는 것 같습니다. 뭐든지 첫걸음은 어려운 법이니까요. 기술이라는 것은 어느 정도 이상의 실력을 위해서는 고된 숙련이 필요하지만, 완성된 상태로 뛰어들 수도 없고 그럴 필요도 없다는 말을 꼭 드리고 싶습니다.

여러 번의 워크숍과 작업들 속에서 많은 분들이 다들 처음엔 미장 작업을 힘들고 낯설어하는 모습을 보이십니다. 흙손으로 반죽을 뜨는 것도 처음엔 어렵거든요. 온 바닥에 반죽을 툭툭 떨어트려 가며 한숨도 쉬고, 여기저기 당황한 얼굴들도 보입니다. 하지만 몇 가지 요령을 알려 주고, 충분한 연습 시간을 드리면 금세 나름의 방식대로 벽을 채워 갑니다. 반죽이 묻은 옷가지들 덕에 꽤나 작업자처럼 보이기 시작하고요.

저희 할머니의 어린 시절 즈음만 돌아보더라도 미장으로 마감된 집들이 더 많았을 것입니다. 마을의 농부들이 때로는 목수가 되고 때로는 미장이가 되어 이 집 저 집 허물어진 담과 벽을 함께 고쳤을 것입니다. 하지만 그들 모두가 엄청난 전문가는 아니었을 것입니다. 다만 살아가며 필요한 크고 작은 기술, 이른바 삶의 기술들을 갖게 된 것이겠지요. 저희 할머니만 해도 바느질에 요리에 농사에 못 하시는 게 없는데, 여쭤 보면 그냥 어릴 때 다 했던 일이라 하십니다. 제 어린 시절은 책 읽기와 컴퓨터 게임이 대부분이었는데 말입니다. 이처럼 우리는 기술을 못 다루게 타고

하자작업장학교 고등과정 청소년들과
교실 벽 미장 작업을 마치고 찍은 기념사진

난 것은 아닐 겁니다. 인생을 살아가는 데 악기 하나쯤 다룰 수 있다면 삶이 더 아름답고 풍성하다고들 얘기합니다. 저는 많은 사람들이 기술 하나쯤 다룰 수 있으면 좋겠습니다. 악기 하나를 연습하기 시작하면 다른 악기들과의 앙상블이 보이고 음악 자체를 들여다보게 됩니다. 그처럼 모두가 전문가가 될 필요는 없지만, 삶의 모든 것을 돈으로 해결하는 방식이 아닌, 우리의 일상을 구성하는 여러 요소들 중 하나쯤은 스스로 해결할 수 있는 정도의 삶의 기술을 가졌으면 합니다. 그래서 때로는 내가 가진 것으로 누군가를 돕고, 누군가 갖고 있는 기술로 도움을 받을 수 있도록 말이지요. 너무 이상적인 이야기일까요?

먹고살기만 해도 너무 바쁜 세상이라는 것을 알지만, 일상 속 모든 것들을 외주를 맡기듯 살아가진 않으면 좋겠습니다. 저에게는 여러 삶의 기술 중 하나가 미장이듯, 여러분들에게는 또 다른 지혜로운 기술들이 있을 것입니다. 언젠가 미장 한번 해 보러 저를 만나러 오시길 바랍니다. 그럼 저도 여러분들의 좋은 삶과 좋은 일들을 배우고, 만나러 가겠습니다.

당장의 작은 목표는 잘 모르겠지만, 최근 저에게는 아주 먼 미래의 이상향이 생긴 것 같습니다. 장인匠人. 제가 되고 싶은 장인의 모습이랄까요. 게임에서 장인이라는 용어가 참 많이 등장하는데요, 한 캐릭터를 경이로운 수준으로 하는 사람을 칭할 때 씁니다. 모든 캐릭터의 속성을 파악하고 혼자 잘해서 경이로운 사람이 되는 것도 엄청나다고 생각하지만 저는 모든 부분에서 장인이 된다기보단, 그렇게 어떤 캐릭터성을 가진 장인이 되고 싶습니다. 주변에 그런 사람이 아주 많아서, 서로 같이 있을 때 장인의 '오라'가 느껴지면 좋겠달까요? 어쩌면 그때의 저는 미장이 말고 또 다른 걸 할지도 모르겠지요. 무엇을 하건 혼자 산속에 들어가서 빛나는 작품을 남기고 사라지지 말고, 발붙인 세상에 계속 눈을 두고, 내 기술로 조금 더 이로운 일을 할 수 있도록 꾀하고, 그것을 더 많은 사람들에게 알려주고 말하며 살아가는 사람, 그런 장인이 되고 싶습니다.

어휴, 꽤 거창해서 말하고도 할 수 있을까 싶습니다만, 아주 조금씩 동료들과 함께 이것저것 작은 일들을 벌이고 완성해 가면서 작고 아름답고 무해하게! 지금부터 부지런히 장인의 '오라'를 빚어 보아야겠습니다. 여러분도 같이 빚어 보실래요?

〈연결〉(화경, 2019) : 비슷한 듯 다른 결이 맞닿아 흘러간다. 꼭 마주 보지 않아도, 함께하고 있는 연결. 황토, 모래, 섬유재, 안료. 기초 흙 미장을 응용한 입체적 작업.

2019년 12월에 서울 크리킨디센터에서 열린 전시회 〈미장, ○○이다〉에서 선보인 작품이다.

나를 지키면서 남을 돕는 사람이 되고 싶습니다

| 페미니즘을 동력 삼아 꿈을 그려 나가기 |

소정 tum.inhere@gmail.com

지금은 전북 전주에 살고, 성평등플랫폼에서 일하며 페미니스트로서 먹고살고 있다. 뭐든 좀처럼 사랑하지 못하는 편이지만 탱고를 사랑한다고 자신 있게 말할 수 있다.

그저 반짝이고 싶었다

열 살 무렵의 어느 날 밤이 강렬한 기억으로 남아 있다. 텔레비전에서는 뉴스가 흘러나오고 있었고, 나는 부모님 옆에 누워서 잠들기를 기다리고 있었다. 고단한 부모님은 눈을 붙이자마자 코를 드르렁거리며 잠이 들고, 뉴스에서는 아나운서가 그다지 특별하지도 않은 목소리와 표정으로 소식을 전했다. 지구가 다른 행성과 부딪힐 확률에 대한 이야기였다. 텔레비전에서 나오는 이야기는 모든 게 진실로 여겨졌고, 과학자들의 인터뷰까지 겹쳐지니 정말 머지않은 미래에 지구가 다른 행성과 부딪히는 일이 일어날 것만 같았다. 지구가 멸망한다는 게 뭔지 처음 알게 되었다.

전 세계의 사람들이 모두 다 동시에 죽는다는 건가. 그 무서운 뉴스가 한동안 머리에서 떠나질 않았다. 지구 멸망에 대해서 생각하고 또 생각했다. 친구들은 내 이야기를 전혀 이해하지 못했고, 엄마는 모두가 동시에 죽는 거니까 무서워할 필요가 없다고 말했지만 내 마음을 진정시켜 주는 대답은 아니었다. 나를 압도하는 진짜 두려움은 우리가 발 딛고 사는 현실 세계가, 미술 시간마다 턱없이 부족하게 느껴지는 내 크레파스와 비교해 옆 친구의 48색 크레파스를 갖고 싶은 탐나는 마음이, 숙제하기 싫은 마음이, 내가 좋아하는 선생님에게 조금 더 귀염을 받고 싶은 마음이, 그런 것들이 모두 무의미한 것이 아닌가 하는 허망함이었다. 그렇게 한순간에 모두 죽을 수도 있는 거라면 다 무슨 소용인지 모르겠다는 공허함이었다. 관련이 있는 얘기인지 모르겠지만 나는 장래 희망에 대해 별로 관심이 없었다. 남자인 친구들은 대통령, 경찰, 의사, 과학자 같은 걸, 여자인 친구들은 간호사, 선생님, 가수 같은 걸 주로 장래 희망이라고 했다. 전교생이 많지 않은 덕분에 우리 초등학교에서는 교내에 전교생의 장래 희망을 공개적으로 게시해 두는 게시판이 있었는데, 그걸 보면서 나는 속으로 비웃음이 났던 것 같다. 한 학교에서 저렇게 많은 애의 꿈이 대통령이라니, 조금만 생각해 보면 결코 이룰 수 없는 비현실적이고 허무맹랑한 꿈이라는 걸 깨달을 수 있을 텐데.

기억에 남아 있는 장래 희망은 하나뿐이다. 고등학생 때에 선생님이 원하는 직업과 진학을 희망하는 학과를 써서 내라고 했다. 어느 날 운동장에서 밤하늘을 올려다봤고, 열 살 무렵의 기억을 떠올렸다. 지구의 긴 역사를 생각하면 한 사람의 삶이란 밤하늘에 미세하게 빛나는 작은 별보다도 못한 작은 것이겠구나. 그렇지만 누군가를 도우면, 빛이 두 배가 될 테니까 조금 더 빛날 수 있지 않을까. 한비야처럼 국제 구호 활동가가 되고 싶다고 친구에게 말했다. 원하는 직업에 국제 구호 활동가라고 적고 진학하고 싶은 과에는 사회복지과를 적어 냈다. 그 생소한 장래 희망 때문에 다음 날 바로 담임 선생님께 불려가 면담을 해야 했던 것도 기억난다.

춤으로 나를 긍정하다

초등학교 6학년 때 이웃 도시 전주로 전학을 갔다. 우리 집은 군이었고 학교는 시였으니까, 군과 시의 경계를 넘어서 버스를 타고 통학했다. 매일 버스에 탈 때마다 두려운 게 있었는데 바로 책가방이었다. 버스에서 자리에 앉으려면 책가방을 벗고, 자리에서 일어날 때는 다시 책가방을 메야 하는데 그 모습이 너무나 부끄럽고 수치스럽게 느껴졌다. 누구나 하는 행동인데 내가 할 때만 부자연스러운 것 같아서 신경이 곤두섰다. 사람들이 나만 쳐다보는 것 같고, 혹시라도 가방끈을 한 번에 찾지 못해 더듬거리는 일이라도 생기면 다른 사람들에게 웃음거리가 될 것 같았다. 체육 시간도 싫어했다. 여자들만 뒤돌아서 뛰어야 하는 줄넘기도 싫고, 공으로 서로를 맞추며 재빠르게 피해야 하는 피구도 싫었다. 위로 오빠가 둘 있어서 '덩치가 크다, 뚱뚱하다, 다리가 두껍다' 같은 놀림을 받는 데 익숙했다. 큰 몸은 부담스럽고, 느리고 둔한 동작도 창피했다.

성인이 되어 복지관에서 일할 때에 같이 일하는 선생님의 추천으로 춤을 배우게 되었다. 어쩌다가 내가 가진 콤플렉스에 관해 이야기를 하게 되었는데 난데없이 탱고를 배워 보지 않겠느냐고 했다. 처음에는 "몸치인데 춤을 출 수 있을까?" 의심스러웠지만, 걸을 줄 아는 사람이면 누구나 출 수 있는 쉬운 춤이라는 말을 듣고 용기를 냈다. 게다가 탱고라니 너무 멋지고 설레서 동료 선생님과 함께 탱고 동호회에 나가게 되었다. 선생님의 말처럼 탱고가 어려운 춤 같지는 않았다. 둘이 커플을 이뤄서 서로의 발을 안 밟고 호흡을 맞춰서 걷는 것이 전부였다. 게다가 오래된 영화에서 나올 법한 탱고 음악에 맞춰서 앞에 있는 상대에게 집중해 같이 걷다 보면 다른 세상으로 여행을 떠나는 기분이었다. 일하면서 받은 스트레스 같은 것들이 잊혔다. 홍대까지 왕복 세 시간에 가까운 거리를 일주일에 두세 번을 다녔다. 정해진 수업을 빠지지 않고 참여하는 건 기본, 연습 날에도 가고, 춤을 추는 탱고 바에도 다녔다. 그야말로 춤바람이 난 것이다. 동료 선생님과는 그 이후로도 춤과 관련한 활동들을 몇 가지 더 했다. 복지관에서는 다른 직원들과 안무를 이용해 UCC를 만들었고, 사적으로는 주변 지인들을 모아서 라인댄스 동호회를 만들어 같이 활동하기도 했다.

그리고 나에게 중요한 의미가 되어 준 시민 춤단 프로젝트에도 함께 참여하게 되었다. 시민 춤단 프로젝트는 평범한 사람들 100명이 모여서 춤단을 이루고 3개월 동안 매주 만나 춤을 추는 프로젝트였다. 실력 있는 무용가 선생님들과 함께 움직임 워크숍을 하면서 몸을 뱀처럼 움직여 보기도 하고, 세상에서 가장 느린 걸음을 걸어 보기도 하고, 사람들과 이리저리 뛰어 신나게 미친 듯이 몸을 흔들어 보기도 했다. 춤을 잘 추는 사람만 춤을 즐길 수 있는 건 줄 알았는데, 춤단 활동을 하며 만난 많은 사람들은 춤을 추면서 단지 자유로워지는 것 같았다. 부끄러움을 무릅

춤단 활동 사진

쓰고 오디션을 봤고, 그 멋진 사람들 사이에 섞여서 아주 멋진 경험을 했다. 나는 춤을 잘 추는 사람도 아니고, 다른 사람들 앞에서 부끄러움 없이 당당한 사람도 아니지만, 내 몸을 움직이면서 스스로 부담스럽고 부끄럽고 싫은 기분이 느껴질 때마다, 이런 과정이 반복되면 나를 조금은 긍정하게 될 수 있지 않을까 생각했다.

좋아하는 것을 좇아서 지구 반대편

스무 살부터 스물여덟 살까지 서울에 살다가, 전주에 있는 부모님 집으로 다시 이사했다. 치열했던 서울살이를 끝내고 전주로 내려왔으니까 취업이 아닌 다른 새로운 목표를 세우고 싶었다.

대학교 때에 돈이나 용기가 없어서 떠나지 못했던 여행을 떠나 볼까. 남들 다 가는 유럽은 별로 흥미가 안 생기고, 계속해서 관광하듯이 돌아다니는 여행은 피곤할 것 같았다. 내가 좋아하는 탱고를 실컷 출 수 있는 아르헨티나에 가서 몇 달 정도 지내 볼까. 확실하지는 않아 긴가민가하면서 친구들에게 말하고 다녔는데 엄청 멋지다면서 꼭 가 보라고 응원해 줬다. 탱고 추는 것을 탐탁지 않아 하는 부모님께는 말하지 못하고 슬금슬금 돈을 모으기 시작했다. 1년 정도의 기간을 두면 500만 원 정도는 모을 수 있을 것 같았다. 어느 정도 모였을 때 일단 비행기표를 사고, 더 모아서 숙소비를 결제하고, 마지막으로 환전을 했다. 뭐든 좋아하기는 쉽지만 그 좋아함을 유지하는 것은 어려워하던 내가 탱고는 추자마자 푹 빠져서 3년이나 마음을 유지하다니, 그것을 좇아서 지구 반대편까지 가다니. 그것도 혼자서. 내가 생각해도 멋진 프로젝트였다.

한국보다 물가가 싼 덕분에 아르헨티나에서 좋은 숙소를 얻을 수 있었다. 지금껏 살아 본 적도 가 본 적도 없는 멋진 아파트였다. 거실 한편에는 소파와 TV가 있고, 다른 편에는 넓은 원형 테이블이 있어서 사람들을 초대해서 함께 식사하기에도, 혼자서 작업을 하기에도 충분했다. 베란다에 앉아서 거짓말처럼 파란 하늘과 하얀 구름을 보는 것도, 석양이 지는 것을 보는 것도 꿈만 같았다. 욕실에는 넉넉한 크기의 욕조가 있어서 매일 따뜻한

아르헨티나에 가는 길에 경유지인 영국에서(위).
아르헨티나의 수도 B.A에 거의 다 도착했을 때 기내 화면.
심장이 터질 것 같았던 순간(아래).

물에 몸을 담그는 것도 즐거웠다.

매일같이 탱고를 추러 다녔다. 일주일에 3~4번 정도 강습을 들었다. 탱고의 본고장인 만큼 아르헨티나에는 정말이지 신의 경지로 느껴질 만큼 춤을 잘 추는 마에스트로가 많았고 강습료도 말도 안 되게 저렴했다. 한국에서의 반의반 가격 정도. 어쩌면 더 저렴할지도. 언어의 장벽으로 인해 잘 알아듣지를 못했고, 짝을 찾는 데에 소극적인 태도 때문에 수업 시간에 짝 없이 혼자 남기 일쑤였지만, 그래도 열심히 수업을 들었다. 수업과는 별개로 매일 숙소에서 탱고를 잘 추기 위한 기본 동작 연습도 30분에서 1시간 정도 했다. 처음에는 아주 기초적인 동작도 어렵게만 느껴지고, 안 쓰던 근육을 써서 그런지 욱신거리고 아팠는데 시간이 지날수록 탱고에 대한 기본 원리들이 몸으로 익혀지고, 근육의 통증도 사그라들었다. 없던 근육이 만들어지는 과정이 신기하고 재밌었다. 대단한 근육을 만든 것은 아니고 아주 사소한 변화였지만, 몸을 통해 그런 발전을 경험할 수 있다는 것이 멋졌다. 한국에서는 동호회 활동 외에 강습을 들어 본 적이 없고, 혼자만의 연습이 꼭 필요하다는 것도 몰랐다. 탱고 실력이 늘지 않고 제자리인 것 같아 괴로웠는데, 나도 할 수 있겠다는 자신감 같은 게 생겼다. 일단은 좋아하는 게 중요하다.

아르헨티나 밀롱가에서

페미니스트로 살기로 했다

아르헨티나 여행 즈음, 한창 페미니즘에 관해 관심을 많이 가지고 있을 시기였다. 밀롱가(탱고를 추는 장소를 일컫는다)에 갈 때마다 까베세오(밀롱가에서 눈을 맞추고 파트너를 찾는 문화)에 대해서 느끼는 억울함이 커졌다. 춤을 신청하는 것은 남자이고 여자는 그 신청을 수락하거나 거절하는 선택을 해야 하는데 그게 불공평하게 느껴졌다. 남자들은 거절당하는 것을 무릅쓰고라도 원하는 상대에게 춤을 신청할 수 있지만, 여자들은 원하는 상대가 있어도 그가 나에게 신청해 주기를 기다리는 것이 보통이다. 한국에서는 동호회에서만 춤을 췄기 때문에 비교적 편하게 춤 신청이 이루어졌는데, 아르헨티나에서는 아는 사람이 없으니 상황이 달랐다. 누군가는 까베세오 문화가 평등하지 못하다는 내 말에 여성은 춤 신청을 거절할 수 있으니 괜찮은 것이 아니냐고 했지만, 누구나 신청할 수 있어야 하고 누구나 거절할 수 있어야 평등한

것이 아닐까. 밀롱가에서 춤 신청을 받지 못하는 날에는 춤을 한 곡도 출 수가 없었다. 좋아하는 음악이 나왔을 때 열심히 주변을 쳐다봐도 나에게 눈길을 주는 사람이 없다면, 어쩔 수 없이 자리에 앉아 있거나 아니면 별로 추기 싫은 사람의 신청을 승낙해야 한다. 나를 포함해서 밀롱가에 있는 여성들은 대체로 열심히 외모를 꾸민다. 남자들은 티셔츠를 입고 오는 사람도 많고, 깔끔한 인상만 줘도 괜찮게 받아들여지는데, 여자들은 화장에, 액세서리에, 드레스까지, 춤을 추기 위해서 많은 공을 들여야 한다.

한번은 밀롱가에서 춤을 추다가 상대방이 역할을 바꿔서 춤을 춰 보지 않겠냐고 물어왔다. 그런 요청은 처음이라 너무나도 당황했고, 대체 무슨 소리를 하냐는 듯한 표정으로 리딩 못 한다고 대답했다. 그는 미국 샌프란시스코에서 온 남성이었는데 그 도시의 밀롱가에서는 여성이 리더 역할을 하고 남성이 팔로워 역할을 하기도 하는구나 하고 예상이 되었다. 리딩을 해 보고 싶다는 욕구가 구체적으로 시작된 계기이다. 그러고 보면 수업이나 밀롱가에서 여성 리더들을 심심치 않게 볼 수 있었다. 한국에서 춤을 출 때는 리더 역할이 어렵고 복잡하다고 생각해서 엄두를 못 냈는데, 겁먹지 않고 리딩을 척척 하는 외국인 여성들이 그렇게 멋져 보일 수가 없었다. 리딩과 팔로잉을 둘 다 할 줄 알면, 함께 춤을 출 수 있는 사람의 폭이 훨씬 넓어지니까 밀롱가에서 멀뚱히 앉아 있어야 하는 비극적인 일을 줄일 수 있겠다는 생각도

여성이지만 리더와 팔로워 역할을 모두 수행하는
탱고 마에스트로의 수업 풍경(위)과
여성주의 댄스 동호회 스윙시스터즈(아래)

했다. 한국에 돌아와서 리딩을 배우기 위해 여성주의 댄스 모임에 가입하고 리더 역할로 수업을 들었다. 어렵기는 했지만 재미있었다. 음악을 듣고 춤에 대한 그림을 내가 직접 그려 간다는 점이 매력적이었다. 페미니스트라서 좋은 점은 여성이라서 겪고 있는 제약을 하나씩 인식하고 없애 나갈 수 있다는 것. 나라는 사람의 가능성을 더 넓게 열어 두고, 지금까지와는 다른 세상을 만나기 위해 노력하는 것이 가능하다는 것이다. 페미니즘을 내 삶의 중요한 가치로 두면서부터는 탱고를 추는 사람으로서도 그렇지만, 가족의 구성원으로서, 노동자로서 등 다양한 역할 속에서 인식의 변화가 생겼다.

성평등플랫폼이라는 기회

아르헨티나 여행을 마치고 돌아온 후 몇 개월은 불안과 고민의 시간이 이어졌다. 뭐라도 시작해야 할 것 같았지만, 원하지 않는 곳에 취업하고 싶지는 않았다. 추구하는 가치와 급여, 같이 일하는 동료 등 여러 가지를 고려해 만족할 만한 곳을 찾을 수 있을 때까지는 아르바이트로 버텨 보기로 했다. 부모님과 떨어져 독립된 삶을 꾸리고 싶어서 전주에 집을 얻어 '나 혼자 라이프'를 시작했다. 여행에서 돈을 다 썼기 때문에 보증금을 낼 돈도 없어서 반만 치르고 나머지 반은 6개월 후에 치르기로 했다. 월세를 내야 하므로 당장 아르바이트를 시작했는데 하루에 6시간씩 주 5일을 일해도 월급이 100만 원을 조금 넘는 정도였다. 경제적으로 허덕이는 것도 힘들었지만, 차별적인 말을 일상적으로 들어야 하는 것도 곤란했다. 같은 일을 하는 처지인데 남자 유니폼과 여자 유니폼이 완전히 달랐다. 남자는 셔츠에 검정 바지(단정한 스타일이면 정장이 아니어도 오케이), 여자는 몸에 꼭 맞는 빨간색 투피스를 입어야 했고, 빨간 립스틱으로 입술을 꽉 채워 발라야 했다. 알바 첫날에 내 입술이 빨갛지 않은 것을 본 매니저님이 화들짝 놀라서 따로 불러내더니 여기 사장님이 여직원들 입술 색깔을 중요시하시니 신경 써서 수시로 립스틱을 칠하라고 했다. '홀 서빙 일을 하는데 입술 색이 왜 중요하죠? 그리고 일하기에 불편하니 저도 바지를 입고 싶습니다'라고 말하고 싶었지만 할 수 없었다. 나이 제한 때문에 알바 자리를 구하는 것조차 쉬운

건물 내부 공사 중 모습(위)과
조성 완료한 성평등전주 전경(아래)

일이 아니었다. 도대체 언제까지 여기에서 일해야 하는 걸까 답답함을 느낄 때쯤, 지인 분이 한 기관의 채용 공고에 대한 정보를 주었다. 입사 공고를 보고 조금 흥미로웠다. 공공 기관과 비슷한 성격의 단체로 보이는데 '성평등'을 앞에 내세워서 이름을 짓다니, 그것도 전주에서. 페미니스트들과의 연대가 간절했던 나는 동료들과 연대하며 일하는 것에 대한 기대감도 있었다. 적어도 이곳에서 일하면 여자는 치마를 입어야 한다거나, 빨간 립스틱을 발라야 한다거나, 차별적인 말을 하루에 수십 번 들어야 한다거나 그렇지는 않을 테니까.

그렇게 해서 일하게 된 전주시사회혁신센터는 청년과 여성을 키워드로 다양한 지원 사업 및 직접 사업을 진행하고 있었다. 청년을 키워드로 하는 사업 팀은 청년 캠퍼스, 여성을 키워드로 하는 사업 팀은 성평등플랫폼이라는 이름으로 불렸다. 입사할 당시에는 센터가 만들어진 지 한 달이 막 지날 즈음이었다. 전주에서 가장 크고 오래된 성매매 집결지에 있는, 원래는 버지니아라는 이름으로 불리던 업소 건물을 리모델링해서 성평등 활동가들의 거점 공간인 성평등플랫폼이 만들어질 예정이었다. 나는 주로 공간 조성과 관련된 실무를 맡았다. 전문가와 이해 관계자들이 모여서 성평등플랫폼의 모습을 그렸다. 전주의 페미니스트들이 모이는 곳, 그들이 서로 연결되고, 자유롭게 드나들고, 편하게 휴식할 수 있는 곳을 만드는 것이 목표였다. 건물 내부에는 지역의 반

성매매 운동의 역사가 기록되고 누구나 와서 볼 수 있는 전시관, 지역 주민들이나 페미니스트들 모두에게 개방된 카페와 페미니즘 책들을 큐레이션 한 서점, 그리고 성평등 활동 단체나 팀들을 위한 입주 사무실, 개인 활동가를 위한 공유 사무 공간, 지역 여성 크리에이터들을 위한 스튜디오, 음식을 만들고 나누어 먹을 수 있는 공유 주방과 식물들을 보며 휴식을 취할 수 있는 옥상 정원을 채워 넣기로 구상했다. 1년 동안의 조성 과정 끝에 우리가 상상했던 공간이 실제로 만들어졌고, 2019년 12월 말경의 개관식을 시작으로 문을 열었다. 공간의 이름은 '성평등전주'로 붙여졌다.

계속해서 꿈을 그릴 것이다

성평등플랫폼에서 일하면서, 지난날에는 꿈으로만 여겨졌던

것들이 실제로 이루어졌다. 전주에 있는 페미니스트들을 만났고, 조직 안에서 힘을 모을 수 있는 동료들을 만났고, 그들과 함께 작은 변화라도 끌어내기 위해 시도하는 과정들이 차곡차곡 쌓였다. 나를 함부로 하지 않고, 오롯한 존재로 인정하고 받아들이면서, 동료들과 함께 가는 연습의 기회였다.

  3년 전 서울 생활을 마무리하고 고향에 돌아왔을 때를 기억해 보면, 내가 하고 싶은 것들을 실컷 해 보고자 하는 시도가 있었다. 책 만들기 워크숍을 통해서 직접 쓴 글과 직접 찍은 사진으로 책을 만드는 새로운 경험을 했고, 평소 좋아하던 은유 작가의 글쓰기 수업을 들으면서 스스로의 이야기에 귀 기울였다. 서로의 이야기를 다정하게 나누고 들어 줬던 학인들과의 인연은 덤으로 얻었다. 부모님께 부탁해서 할머니, 할아버지 산소 근처에 네 평 정도 땅을 얻어 감자 농사를 지어 보고, 소원 팔찌 만드는 게 재미있어서 '소원틔움'이라는 이름을 붙이고 주변 사람들에게 소원을 이뤄 준다면서 팔찌를 판매했다. 하고 싶은 욕구를 따라 깨작깨작 일을 벌이고 실패든 성공이든 결과를 얻으며 성장하는 시기였고, 그때의 내게 무척 필요한 시간이었다.

  성평등플랫폼에서 믿을 수 있는 동료들을 만났고, 함께하는 방법을 배웠으므로 이제는 하고 싶은 일을 다른 사람들과 함께 해 보고 싶다. 요즘 점심 시간마다 간단한 도시락을 싸 오거나 조리해서 볕 좋은 옥상에서 동료들과 함께 밥을 먹는다. 기운이

글쓰기 수업 학인들이
내가 만든 소원 팔찌를 착용한 모습

있고 기분이 좋으면 재미있는 이야기를 나눈다. 전주에 낡고 저렴한 집을 사서 우리의 놀이터로 만들자고, 직접 집을 고치고, 예쁘게 꾸미고, 다른 페미니스트들을 초대해서 놀 수 있는 공간으로 만들자고. 아직은 농담 반 진담 반으로 툭툭 꺼내 놓는 수준의 이야기이지만, 우리는 능력이 많고 멋지지 않은가. 혼자서도 집을 잘 고치는 여성, 목수인 여성, 페미니스트 유튜브 채널을 운영하는 크리에이터 여성과 함께라면 뭔가 재미있는 것을 할 수 있을 거라고 기대하고 있다. 나는 그 안에서 맛있는 음식과 술을 파는 식당을 해 보고 싶고, 타로 상담을 통해 다른 사람들의 이야기를 듣고 싶다. 개인적으로는 전주에 여성주의 댄스 모임을 만들고, 농부가 되고 싶다는 꿈도 가지고 있다.

좋아하는 것만 하면서 어떻게 살 수 있겠냐고 사람들은 내게 말하지만, 내 인생의 목적은 꾸준히 좋아하는 것을 따라가고, 좋아하는 사람들을 만나는 것이다. 그렇기 때문에 앞으로도 하고 싶은 것을 할 것이다. 다만, 그 과정에서 내가 하는 일이 누구의 이익에 복무하는지를 잊지 않으려 한다. 무조건 남을 돕는 것은 이제 내게 별로 의미가 없다. 누구의 편에 설 것인가가 중요하다. 페미니즘을 인생의 중요한 가치로 두고 차별에 저항하고, 그러기 위해서 무엇이 옳은 일인지를 끊임없이 생각하겠다. 나에게 페미니즘은 나를 위하고 '함께'를 위해 살겠다는 다짐이다.

사랑과 우정의
약한 연대기

| 다큐멘터리를 통해 기록하다, 기억하다 |

서새롬 saeromworks@gmail.com

세 명의 여성과 함께 영화 〈기억의 전쟁〉을 만들었습니다. 지금은 다양한 분야의 기획자 그룹인 '팩토리 콜렉티브'의 멤버로 예술공간 '팩토리2'와 몸과 마음의 자기돌봄 서비스 '새롬 케어웍스'를 운영하고 있습니다.

베트남과 한국, 1968년의 학살

베트남 중부 작은 마을에는 1968년에 있었던 학살의 기억을 안고 사는 사람들이 있다. 해마다 음력 2월이면 마을 곳곳에서 크고 작은 제사가 열린다. 사람들은 그 제사의 이름을 '따이한(대한, 즉 한국군) 제사'라고 부른다. 1960년대, 한국은 미국의 동맹군으로 베트남전에 참전하였고, 전쟁 중에 수많은 민간인을 학살했다. 학살로 목숨을 잃은 대다수가 노인, 여성, 그리고 아이들이었다.

조금은 무겁고 두려운 마음으로 처음 베트남을 찾았을 때, 2015년 2월 26일 빈안 학살 49주기 위령제에 참가했다. 우리가 방문하고자 하는 베트남에 대해, 민간인 학살이 일어난 마을에 대해, 참가할 위령제에 대해 한국과 베트남에서 민간인 학살의 진실을 알리는 평화 활동가인 구수정 선생님과 베트남 현지 코디네이터인 권현우(짜노)와 여러 차례 메일과 전화 통화로 이야기를 나눴지만, 아무리 해도 몸과 마음에 준비가 되었다고 자신 있게 말을 할 수 없었다. 결론적으로 우리 팀은 카메라를 가지고 갔지만, 아무것도 찍을 수 없었다. 보라와 나와 소진은 위령제를

ⓒ 〈기억의 전쟁〉 스틸 킷

베트남전쟁 때 한국군의 민간인 학살로
희생된 분들의 무덤의 모습이다.

향해 무리하게 카메라를 들지 않았다. 대신 마음을 다해 향을 올리고, 꽃을 올리고, 위령비에 새겨진 읽을 수 없는 이름을 하나씩 눈에 담았다. 소리와 냄새, 뜨거운 땡볕을 느끼며 그 자리에 함께했다. 제사가 끝나고 함께 음식을 나누고 마을 사람들이 주는 악명 높은 술을 계속 받아 마시고 그들의 유머와 환대에 웃고 울면서 착잡한 마음을 내색하지 않으려고 노력했다. 우리는 마을 사람들이 모두 돌아간 다음 들판에 부는 바람을 찍었을 뿐이다. 그것도 아주 오랫동안.

한날에 사람들이 모두 억울하게 죽었기 때문에, 학살이 그런 것이기 때문에 50년이 되는 시간 동안 살아남은 사람들은 매년 그날을 기억한다는 당연한 사실이 계속 마음에 남았다. 한국에 돌아와서도 남녀노소 제단에 절을 하고 정성스럽게 꽃을 올리는 모습이 떠나지 않았고, 마을의 무당이 죽은 그 이름들을 하나씩 불러 주는 소리가 여전히 서늘하였고, 끝없이 피어오르는 독한 향냄새가 아주 생생했다. 50년은 생각하지도 못할 만큼 너무나도 긴 시간이었다. 그 사이 아이들은 어른이 되었고, 어른은 노인이 되어 한 분씩 세상을 떠나고 있었다. 베트남전쟁과 지금 여기 내가 서 있는 위치에 대해 생각해 보게 되었다. 여성이자, 20대이고, 여전히 베트남전쟁을 잘 모르는 전후 3세대로서 우리는 이 전쟁을 어떻게 기억하게 될까?

다큐멘터리 영화 〈기억의 전쟁〉 작업을 시작하기 전까지 잘 몰랐던 사실들이다. 영화를 제작하며 제작 팀은 곧 역사책에 쓰인 역사에 대해, 전쟁에 대해 그리고 증언과 기록에 대해 살펴보기 시작했다. 그리고 전쟁은 많은 죽음을 낳지만, 비전투원의 죽음에 대해 역사는 침묵한다는 사실을 알게 되었다.

여성의 눈으로 역사를 바라보다

2020년 2월 27일 개봉한 영화 〈기억의 전쟁〉은 베트남전쟁 속 여성, 소수자의 기억을 담은 영화이다. 개봉에 이르기까지 4년에 걸쳐 만들어진 이 영화는 베트남전쟁 중 한국군에 의한 집단 학살과 그 당시를 기억하고 살아가는 사람들의 용기 있는 증언을 담았다. 총 네 명의 여성이 제작한 이 영화는 이길보라가 감독했고, 곽소진이 촬영을 진행했으며, 나는 프로듀서를 맡았다. 영화 작업 후반부에는 밝은 눈과 새로운 에너지를 가진 조소나 프로듀서가 함께하여 영화가 개봉하고 많은 사람이 볼 수 있게 큰 힘을 보태 주었다.

작업을 하는 3년간은 베트남에 있는 제사를 챙기는 일이 우리 가족의 제사를 챙기는 일보다 중요했다. 해를 거듭한 방문에 영화의 주인공인 탄 아주머니와 럽 아저씨 댁에 속된 말로 숟가락이 몇 개 있는지까지 아는 사이가 되었다. 우리는 자연스럽게

2015년 명진스님과 함께하는
베트남 평화 기행에서 탄 아주머니와 함께(위).
탄 아주머니와 남편인 쭈 아저씨
그리고 손자의 모습(아래).

친척, 마을 어른들과 함께 손과 발을 맞추어 제사 음식을 장만하고 나누는 사이가 되었다. 우리가 그분들을 알아 가는 만큼 그분들도 우리 개인과 관계를 맺어 갔다.

이 작업을 위해 동료들과 베트남을 처음 방문했을 때, 나는 스물셋이었다. 20대가 되면서 나는 10대와는 다른 삶의 감각을 알아 갔다. 작업 혹은 하고 싶은 일을 하는 것도 좋지만, 삶의 기반을 만드는 일의 비중이 더 커졌다. 일과 삶의 균형, 일종의 작업 환경 운동 차원에서 다큐멘터리 작업공동체를 꿈꾸게 되었다. 작업자들이 열심히 작업하고 그렇지 않을 때엔 모여 함께 농사도 짓고 요가를 하는 모임, 작업과 일상을 조화롭게 만들어 나가는 연대를 만들어 다큐멘터리 작업자들의 자립을 일부나마 실천하면 좋겠다고 생각했다. 세상을 더 좋게 만들 수 있는 도구로서 다큐멘터리를 함께 고민하고 다큐멘터리 운동도 하고 싶었다. 멀리 갈 필요가 없었다. 지금 나의 여성 동료들과 함께할 수 있는 것이었고 잘할 수 있는 것이었다.

여성 작업자 연대로서 〈기억의 전쟁〉 제작 팀은 때때로 '언덕'이라는 이름으로 서로를 불렀다. 동료이자 작업자인 서로가 서로에게 '비빌 언덕'이 되어 주자는 의미였다. 생애 주기에 따른 결정과 선택을 응원하고 존중했으며, 작업 초기 예산이 넉넉하지 않았을 때도 활동비를 책정해서 작업과 생활이 안정될 수 있도록 했다. 베트남과 서울을 오가는 촬영에서 특히 우리 작업은 음력

설 즈음 제사를 챙기는 일에 집중했기 때문에 촬영이 없는 나머지 시간에는 다른 아르바이트로 생업을 이어 갈 수 있도록 서로를 배려했다. 서로의 형편을 고려해 좋은 일거리를 소개해 주고, 만날 때 항상 끼니를 함께했다.

기관에서 지원금을 받기 전에는 베트남 현지 체류비를 마련하기 위해서 자취하는 집에서 바자회를 열거나, 개인이 할 수 있는 펀드레이징도 주도적으로 진행했다. 제작 팀에서의 감독, 촬영감독, 프로듀서의 역할 이전에 서로의 좋은 점을 누구보다도 잘 알아서 격려해 주고, 일을 주도적으로 맡아 갔다. 내가 맡은 일은 먼저 예산을 다루는 일이면서, 제작 관련 행정을 진행하는 일이었고, 잘하는 일은 보라와 소진 개개인이 자신의 100%를 발휘하여 아쉬움 없이 좋은 작업이 될 수 있도록 격려하고 보살피는 일이었다. 사소하게는 '언제 밥을 먹을 것인가? 어디서 무엇을 먹을 것인가?' 고민하고 시간에 맞춰서 결정하는 일에서부터 촬영지를 섭외하고 이 모든 동선을 파악하여 매끄럽게 만드는 일, 또 카메라 앞(등장인물)과 뒤(제작진)가 평평한 관계를 잘 맺을 수 있도록 노력을 다하는 일이었다. 관계에 많은 정성을 쏟으며, 인물의 삶과 밀접하게 함께하고, 그를 존경하고 존중하는 마음이 결국 우리 모두를 성장하게 한다. 제작자로서 내가 가장 중요하게 생각하는 태도는 내가 하고 있는 일, 내가 만나고 있는 사람들에 대한 믿음, 그리고 예측하지 못한 방향에 대한 유연함이다.

부산국제영화제 중에 열린 아시아시네마펀드(ACF)의 장편독립다큐멘터리 AND 펀드의 2016년 프로젝트로 〈기억의 전쟁〉이 선정되었다. 보라, 소진과 함께.

다큐멘터리, 기억하고 기록하는 일

2008년, 나는 영화를 좋아하는 평범한 고등학생이었다. 우연히 인터넷에서 광우병 소고기에 관한 글을 보았다. 그즈음 나는 학교에서 돌아오면 컴퓨터 모니터 앞에 앉았다. 그렇게 몇 날 밤을 지새우며 분노했다. 소를 그런 위험한 병에 걸리게 한 세상도, 이 나라의 대통령의 결정도 참을 수 없었다. 무책임하다고 생각했다. 나는 뭐라도 해야겠기에 맨몸으로 광장에 나갔다. 서울 청계천 주변은 촛불을 든 사람들로 가득했고, 저마다 어떤 이유들을 이야기하고 있었다. 노래를 부르는 사람, 피켓을 든 사람, 손잡고 말없이 걷는 사람. 손에서 손으로 번져 오는 불빛과 함께 내 마음도 화르륵 불타올랐다. 촛불을 쥔 그날 이후 나는 남들과 조금 다른 길을 걷게 되었다. 학교를 그만두었고 탈학교 청소년이 되었다.

고민 끝에 대안학교인 하자작업장학교에 입학했다. 매체 수업에서 카메라를 배운 뒤엔 간단한 영상을 만들 수 있게 되었다. 움직이는 학교, 경험을 통한 배움을 지향하는 작업장학교에서는 세상과 꾸준히 소통하며, 만남을 통해 성장했다. 기후 변화 시대에 청소년의 삶에 대해 전 지구적으로 함께 연대할 수 있는 방법을 고민했다. 서울 영등포라는 하자센터가 위치한 지역에 대해 알아보고, 스스로 소속감을 찾기도 했었다. 해외 현장 학습으로

3년간 태국을 오가며 버마 난민 청소년을 만났다. 이러한 만남들을 계기로 내가 지금 누구와 함께 살고 있는지 고민하기 시작했다. 나는 '동시대'라는 단어를 알게 되었다. 하자센터 인턴과 작업장학교 영상 팀 조교를 하며 다큐멘터리를 만들었다.

국경이 조금은 무의미해진 시대에 역설적으로 국경이 너무나 뚜렷한 의미로 다가오는 곳들이 있다. 하자작업장학교는 매년 태국 메솟과 멜라캠프로 현장 학습을 떠났다. 메솟은 버마와 국경이 맞닿아 있는 지역이다. 잦은 내전과 군부의 정치적 탄압으로 국경을 넘은 많은 버마 사람들이 살고 있다. 또한 버마의 민주주의와 소수 민족의 권리를 위해 활동하는 많은 NGO가 위치해 있다. 멜라캠프는 국경 지대에 있는 9개의 난민 캠프 중 하나이다.

2010년 처음 메솟에 갔을 때, 나는 가장 먼저 서로 다른 현실의 조건들과 마주했다. 카메라를 들고 2주간의 여정을 기록하기로 했지만 무엇을 어디서부터 시작해야 할지 막막했다. 마주 앉은 친구와 나는 어떤 이야기를 나누고 공감할 수 있을까? 해결되지 않은 질문들을 안은 채 여행에서 돌아왔다. 영상 팀원들과 〈우리는 서로 다른 곳에 있지만, 닮은 꿈을 꾼다〉라는 다큐를 제작했다. 이 여행을 계기로 '각자가 서 있는 자리에서 함께할 수 있는 일이 뭘까?' 고민하기 시작했다. 2011년에는 메솟-멜라캠프-양곤을 다녀오며 〈국경에서 만난 자유의 사람들, 그리고 아

태국의 국경 지역인 메솟에서 함께 이야기를 나눴던
청소년과 하자작업장학교 학생들

웅산수치〉*라는 다큐를 만들었다. 2012년에는 매솟의 청소년들과 카렌어·버마어·한국어로 노래를 만들고 〈희망을 위해 부르는 노래〉**라는 뮤직비디오를 제작했다. 이 두 편의 작품은 제7회 이주민영화제에 초청되어 상영되었다.

그리고 2011년 3월 11일, 동일본에서 대지진이 일어나 후쿠시마 제1발전소 사고가 났다. 후쿠시마 핵 사고 이후에 핵발전의 위험에 대해 공부하였다. 탈핵과 생태적 전환에 관심을 갖기 시작했다. 공부를 하면서 페이크다큐멘터리인 〈자전거학교 - 두 바퀴로 만드는 삶의 동력〉***을 만들었다. 영상은 서울청소년창의서밋 교육포럼에서 상영되었다.

2012년에는 4대강 사업에 맞선 마지막 저항지였던 경기 양평 두물머리 유기농지 보존 투쟁에 참여했다. 두물머리 흙에 반해 난생처음 농사를 지었다. 팔당과 서울을 오가며 집회와 문화제를 기획했다. 직접 기른 오이와 토마토를 들고 다시 거리에 나갔다. 두물머리는 남한강과 북한강이 만나는 곳으로 우리나라 유기농업의 발상지이다. 4대강 사업으로 강이 파괴되고 강변 농지들도 자전거 길과 공원 조성으로 사라졌다. 오랫동안 강 유역에서 농

---

* 〈국경에서 만난 자유의 사람들, 그리고 아웅산수치〉 vimeo.com/20777248
** 〈희망을 위해 부르는 노래〉 vimeo.com/43532310
*** 〈자전거학교 - 두 바퀴로 만드는 삶의 동력〉 vimeo.com/30719707

사를 지어 온 농부들은 그 땅을 떠나야 했다. 농부 네 사람이 두물머리를 지키기 위해 그곳에 남아 계속 농사를 지었다. 유기농을 하루아침에 수질 오염원으로 만들어 버린 현실과도 싸웠다. 유기농은 인간이 할 수 있는 최소한의 것을 하는 농사법이다. 나는 두물머리 보드라운 흙에서 농사지으며, '농업'과 '생태'의 중요성을 알게 되었다. 어렵고 힘든 싸움 속에서도 땅을 일구는 일을 포기하지 않는 농부의 모습에서 무엇과도 바꿀 수 없는 것에 대해 생각했다. 좋은 농부는 만물을 이롭게 한다. 농부와 같은 사람이 되어야지 생각했다.

나에게 다큐멘터리, 혹은 기억하고 기록하는 일은 알게 된 것을 잊지 않기 위한 노력의 결과물이었다. 책을 쓰거나 다큐멘터리를 제작하면서 나는 종종 메솟에서 만난 활동가들을 떠올렸다. 그들은 다양한 영역에서 쉼 없이 활동하고 있었다. 비록 태국과 버마 사이의 경계에서 어디에도 소속되지 못하지만 서로 열심히 연대하고 자신이 할 수 있는 일을 하는 사람이었다. 나 또한 지금, 이곳에서 그들과 혹은 지금 뜻을 같이하는 수많은 다른 '그'들과 연대하는 다큐멘터리스트가 되고 싶다고 생각했다. 그리고 함께할 수 있는 사람을 찾고 싶었다. 고민 끝에 관련된 학과로 대학교 입시를 준비하기 시작했다.

동료를 찾아서

입시를 준비하면서, 나는 글쓰기 모임에 다니게 되었다. 서로의 글을 읽고 합평하며 서로를 더 잘 알아 갔다. 말과 글은 정직하게도 그 사람의 생각과 태도를 드러낸다. 그 시간이 촘촘하게 쌓여, 모임 내의 관계도 조금씩 단단해졌다. 그중 몇몇은 10대 때부터, 하자센터를 장소적 거점 삼아 만나서 같이 시간을 보낸 동료이자 친구들이다. 같은 시간과 장소를 공유했을 뿐 아니라, 대안교육, 생태, 함께 살기, 또하나의문화, 고정희, 페미니즘, 요가, 글방, 평화, 역사, 글쓰기, 사랑, 우정, 장애와 비장애, 난민과 같은 주제에 대해 비슷한 가치관과 생각을 가지고 있었다.

가치관의 공유 때문인지, 매주 서로의 내밀한 글까지 서로 합평한다는 동지애 때문인지 글쓰기 모임 내에서는 서로에 대한 무한한 신뢰와 믿음이 있었다. '네가 한다면', '그곳에 내가 함께할 수 있는 일이 있다면 기꺼이 함께하겠어'라는 마음이 기본이었다. 어느 날 나는 그 모임에서 보라가 쓴 베트남전쟁과 할아버지, 그리고 할머니에 대한 글을 읽었다.

그리고 그 글이 단초가 되어 보라의 이전 다큐멘터리 작업들 〈로드스쿨러〉(단편), 〈반짝이는 박수소리〉에 이은 두 번째 장편 기획이 탄생했다. 전작 〈반짝이는 박수소리〉가 부모님과 자신에 대한 이야기였다면, 〈기억의 전쟁〉은 베트남전쟁에 참가했고 지

탄 아주머니 댁 가족들과 우리를 물심양면 도와주신
권현우(짜노)와 보라, 나, 소진의 모습. 촬영이 끝나면 같이 사진을 찍고,
시내에서 인화를 해서 액자에 넣어 선물로 드렸다.

금은 돌아가신 할아버지와 손녀인 자신으로부터 시작하는 이야기가 될 터였다. 또 다른 친구인 소진은 사진을 찍고 실험 영화와 퍼포먼스 작업을 하며 영화를 공부하고 있었다. 소진이 쓴 글은 글의 주제가 아무리 낡디낡은 것이더라도 그 이면을 새롭게 보여 주었다. 글을 쓸 때 항상 자신의 단단하고 다부진 시선을 놓지 않았다. 때로는 명징한 슬픔을 또 때로는 화사한 기쁨을 글에 잘 보여 주었다. 나는 나의 글에 대해서는 잘 모르겠지만, 다큐멘터리가 가진 잠재력에 대해서 그리고 그 선한 영향력에 대해서 많이 생각하고 있었다. 관련된 과에 대학 입시를 준비하는 자기소개서와 작업 계획서를 자주 글쓰기 모임에서 보여 줬다. 일종의 자기 PR 시간이었던 셈이다. 준비했던 학과 입시는 낙방했고, 기다렸다는 듯 보라가 함께 작업해 보자 손을 내밀었다. 영화를 전공하는 소진도 함께하기로 했다.

그렇게 다큐멘터리 영화 〈기억의 전쟁〉 작업 팀이 꾸려졌다. 우리는 제일 먼저 한국 근현대사 공부 모임을 시작했다. 이 역사 공부 모임에 관심이 있을 사람들을 모았고, 공부를 하면서 조선 후기에서부터 현재 대한민국에 이르기까지 두루두루 살펴볼 수 있었다. 굉장히 좋은 계기는 되었지만 충분하진 않았다. 그리고 같은 시기 서로 다른 입장과 맥락이 있다는 것도 알았다. 누가 역사를 기록했는지에 따라 정치적으로 올바르지 못한 문제, 도덕적 문제가 있었다. 궁극적으로 '성비'의 문제도 있었다. '역사'

로 남지 못한 너무나 많은 이면의 기억들이 결국 '여성'의 것임을 알게 되었기 때문이다. 그런 것들은 역사책에 따로 기술되지 않는다. 역사와 전쟁을 여성의 시선으로 바라보는 게 매우 중요한 작업이겠구나 하고 생각했다. 베트남전쟁에 참전한 할아버지의 이야기도, 한국군에 의해 가족을 잃은 아주머니의 이야기도 국가, 남성, 혹은 가부장성이 의도적으로 삭제하거나 누락한 이야기였다. 그것을 재발견하여 기록하는 것이 우리의 일이 될 수 있으면 좋겠다고 생각했다. 기억에서 배제되고 기록되지 못했던 역사를 다음 세대에게 또 그 다음 세대에게 전달한다면, 평화가 곧 찾아올 수 있을 거라 생각했다.

슬픔의 연대에서 기억의 연대로

영화 제작이 마무리된 2018년부터 영화가 개봉되기까지, 약 2년의 시간이 흘렀다. 어떻게 보면 긴 시간 같지만, 돌이켜 보면 금방 지나간 것 같다. 슬프고 안타깝고, 어쩔 줄 모르던 기억 위에, 시간이 흐르면서 다른 기억들이 쌓여 갔다. 처음 그때만큼은 덜 슬프고, 슬픔이 지나간 자리에 함께한 추억은 많아졌다. 2015년 탄 아주머니가 처음 한국에 방문했을 때, 광화문에서 세월호 유가족들을 만났던 것을 기억한다. 그리고 2018년 시민평

화법정에 섰을 때, 퐁니·퐁넛에 이웃한 하미 마을에서 탄 아주머니와 같은 경험을 한 또 다른 탄 아주머니를 격려하던 모습도 기억한다.

영화 작업이 끝나고 나서, 나는 보다 더 삶과 밀접하게 붙어 생활했다. 생활을 위해 여러 아르바이트를 전전하다가, 안정적인 직장을 얻었고, 큰 사기를 당하기도 했다. 그럼에도 씩씩하게 용기를 잃지 않고, 재밌는 일도 하고, 의미 있는 일에 뜻을 보태었다. '세상과 사회에서 내가 어떻게 기능하는 것이 좋은 쓰임일까?' 계속 고민하다가 작년 즈음에 앞으로 10년은 사람의 몸과 마음을 더 돌보는 일을 하고자 마음을 먹었다. 단순하게 나의 삶의 필요를 위해 수련해 오던 요가와 명상을 시작점 삼아 '새롬 케어웍스'를 시작했다. 아직 씨앗 같은 일이지만 이 씨앗이 많은 생명을 품을 수 있는 나무로 성장하길 기대한다. 조금 덜 슬프게, 아프게, 자신을 스스로 돌보는 사람이 타인과 자신의 주변, 사회도 돌볼 수 있을 것이다.

자신의 고통과 슬픔은 타인의 것과 결코 비교할 수 없다. 그렇지만 아주 불가능하지는 않은 것 같다. '나도 이렇게 슬프고 아픈데 당신의 고통은 이에 비할 수 있을까?' 하며 그 슬픔과 고통을 이해하려고 노력할 수 있다. 자신의 삶 속에서 잊지 않음으로써, 기억함으로써 아픔 또는 슬픔을 조금씩 덜어 나눠 가진다고 생각한다. 전 지구적으로 참 어려운 상황이지만 그럼에도 사랑과

SAEROM
CAREWORKS
FOR
FINDING
YOUR
INNER
BEAUTY

SAEROM
CARE
WORKS

'새롬케어웍스'는 요가와 명상을 기반으로
몸과 마음의 재활을 돕는 일을 한다.

우정의 약한 연대를 잊지 말자. 사람은 약하지만 함께하면 늘 성장하고 변화한다. 어려운 시기는 늘 있어 왔고, 또 이 시기를 서늘하게 관조할 수 있는 마음을 가지는 것도 필요하겠다. 다시 만났을 때 서로의 안부를 묻고, 또 각자의 길을 걸어 나갈 수 있게.

그런 의미에서 마지막으로 이 글을 마치며 조심스럽게 부탁드린다. 다큐멘터리 영화 〈기억의 전쟁〉을 많이 봐 주셨으면 좋겠다. 영화를 제작하는 동안 아직 얼굴이 그려지지 않는 미래 세대를 생각했다. 영화를 보고 이야기를 나누는 일도 연대의 한 방법이라고 생각한다. 이 연대에 많은 사람들이 함께해 주면 좋겠다.

나살림, 서로살림, 지구살림

| 살림이스트, 대안학교 교사의 삶 |

김소연 jawoo0513@gmail.com

초·중등 대안학교인 볍씨학교 교사이다. 일상에서 제일 사랑하는 순간은, 밥상에 둘러앉아 '이 생명들이 우리 앞에 오기까지 애써 준 수많은 존재들에게 감사하는' 기도를 드린 후, 내 안으로 그 생명들을 들이는 일, 짧게 얘기하면 함께 밥 먹는 일. 밥이 좋아 시작한 토종벼 농사도 어느덧 4년 차이다. 나를 살리는 생명들처럼, 나 또한 누군가를 살리는 살림이스트이고 싶다.

기후활동가×대안학교 교사

"안녕하세요. 저는 대안학교에서 아이들을 만나고 있는 교사 김소연입니다. 제가 지하철에서 이렇게 얘기를 하게 될 거라고는 평생 한 번도 예상하지 못했는데요, 오늘 이 자리에 서게 된 것은 정말 절박하게 알리고 싶은 일이 있기 때문입니다. 여러분, 지금 지구는 불타고 있습니다. 벌써 4개월째 호주에서는 산불이 멈추지 않고 있어요. 10억 마리의 동물이 죽고, 수천 채의 집이 타 버렸습니다. 이 산불은 단지 우연히 있을 수 있는 자연재해가 아니라, 지구 온난화에서 비롯된 기후 변화로 인해 생긴 재난입니다. 올해는 호주, 작년에는 아마존, 그리고 재작년에는 미국의 캘리포니아와 스웨덴에서도 큰 산불이 났습니다. 이것은 모두 기후 변화, 기후 위기 때문입니다. 이런 일이 우리나라에서 일어날 수 있음에도 불구하고, 우리나라 정부는 기후 위기에 대한 아무런 대책을 세우고 있지 않습니다. 그래서 아이들을 가르치는 교사로서 아이들에게 희망을, 미래를 얘기할 수 없는 상황이 너무나 절망스러워서 이렇게 지하철에 나오게 되었습니다. 지금 기후 변화, 기후 위기를 검색해 주세요. 그리고 우리 정부에 기후 위기에 대한 대책을 마련하라고 요구하는 데 동참해 주시면 좋겠습니다. 말씀 들어 주셔서 감사합니다."

내 인생 첫 번째 '지하철 기후행동'이 2020년 1월 11일 저녁 홍대입구역에서 대림역으로 가는 지하철 안에서 있었다. 한 사람의 시민으로서, 아이들을 만나는 대안학교 교사로서, 문자 그대로 기후 위기로 '망해 가는' 이 현실이 너무나도 절망스럽고 먹먹해 '뭐라도 한다'. 그날은 새해를 맞이해 몸과 마음을 비우기 위해 단식을 이틀째 하는 중이었고, 나서는 게 남사스러워서 혹은 스스로 준비가 안 됐다고 생각하며 뒤로 빠져 있던 내게 깨어나라고 영감을 준, 기후활동가 복숭아를 만난 날이었다. 그 며칠 전, 복숭아가 '사랑에서 나오는 기후행동' 페이스북 페이지에 미국에서 멸종저항 기후행동을 하는 할아버지의 지하철 기후행동 영상을 올렸고, 나는 기후 위기 때문에 우울해하다가 최근에 녹색연합 활동가가 된 친구를 태그하여 "와아~~~~ 도전?"이라는 댓글을 달았다. 복숭아는 "모여서 작전을 짠 다음에 감행해 보자"라고 답변을 달았다. 며칠 후인 11일 오후 2시, 햇볕 좋은 홍대입구역 4번 출구 근처 공원에서 나는 복숭아를 만났다. 효소 단식 중인 우리는 마치 생명 에너지를 나누듯 효소를 나눠 먹고 복숭아가 머물고 있는 숙소로 찬찬히 걸으면서 이야기를 나눴다. 숙소에 도착해서 복숭아는 멸종저항 영상과 사진 몇 개를 보여

2020년 1월 13일에 있었던
호주 산불 추모 집회

쳤고, 대화가 오가다 문득 미룰 것 없이 이날 지하철 기후행동을 해 보면 좋겠다고 마음이 모아졌다. 여성 혼자 하는 것은 위험할 것 같은데, 같이 하니깐 서로를 지켜 줄 수 있겠다 싶었다. 그 자리에서 금방 대본을 쓰고, 한 번씩 연습을 한 뒤 지하철로 갔다. 이런 걸 해 보는 게 처음이라 가슴이 콩닥콩닥 뛰었다. 옆에 있는 복숭아의 팔짱을 끼고 '함께여서 다행이다'며 떨리는 마음을 다독였다. 너무 붐비지 않는 칸으로 가서 복숭아부터 행동을 시작했다. 복숭아의 발언을 다 듣고 난 어떤 아주머니가 "수고했다"고 이야기해 주었다. 힘이 났다. 다음 칸으로 가서 내가 발언했다. 지하철에서 "질서 유지를 위해 CCTV를 운영하고 있습니다"라는 방송이 나왔는데 괜히 찔렸다. 방송이 끝나자마자 발언을 시작했다. "여러분, 안녕하세요. 저는 대안학교에서 아이들을 만나는 교사입니다⋯⋯" 지하철 기후행동을 하고 복숭아와 문래역에서 잠깐 내렸다. 뜻밖의 고요함과 평온함이 찾아왔다. 나를 지켜 주는 보다 큰 존재가 느껴졌다. '그래, 이렇게 하면 돼'라고 나에게 속삭여 주는 것만 같았다.*

13일 저녁에는 호주 산불로 희생된 생명들을 추모하며 호주 정부와 한국 정부의 기후 위기 대응을 촉구하는 집회에 참여

---

* 지하철 기후행동 전체 영상은 '사랑에서 나오는 기후행동' 페이스북 페이지에서 확인할 수 있다. bit.ly/지하철기후행동

했다. 얼굴이 새빨갛게 얼 것 같은 추운 날씨였다. 사회자가 "예정되었던 자유 발언 시간을 추운 날씨 때문에 없애려고 하는데 혹시 꼭 할 말이 있는 사람이 있냐"고 해서 손을 번쩍 들었다. 돌아가는 길에 '지하철 기후행동'을 해서 시민들에게 기후 위기를 알리자고 초대했다. 이날은 하나도 떨리지가 않았다. 실은, 집회에 참여하러 가는 지하철 안, '지구 어머니가 나를 통해 발언하게 해 달라'고 간절히 빌었다. 내가 발언한 것이 아니라, 지구가 나를 통해 말하고 있다고 느꼈다. 그 자리에 함께 있었던 복숭아는 집회가 끝나고 난 뒤 나에게 "두 번째 자아가 탄생한 것 같다"고 축하해 줬다. 집회에 참여한 친구들 몇 명과 추위를 피해 교보문고 건물로 들어갔다. 차 몇 잔을 시켜 놓고 둘러앉은 우리는 'Red Rebel Brigade(RRB)'라는 기후행동에 대해 이야기했다. 이들은 얼굴은 하얗게, 나머지 머리와 옷은 온통 빨갛게 분장을 하고 멸종저항 기후행동을 함께 하는데, 빨간색은 다른 생명들과 우리는 피를 통해 연결되어 있음을 상징적으로 나타내는 것이다. 강렬한 색으로 사람들의 시선을 사로잡고, 슬픔·상실감·고통·분노 등 깊은 감정을 표현하고자 한다. 전 세계 곳곳에서 이 RRB 기후행동이 있는데, 우리도 해 보면 어떨까 하는 이야기가 나왔다. 이 또한 자연스러운 흐름 속에 1월 21일 진행되는 기후행동학교 워크숍 이후 당일 저녁에 관심 있는 사람들이 만나 이야기를 해 보기로 했다. 이 자리에서 '서로에게 무리가 되지 않는 선에서' '자발적으로' '할 수 있는 만큼 해 보기로' 마음이 모아졌다. RRB가 활동을 개시하려던 3월 14일 기후위기비상행동 집회는 코로나 19 사태로 취소되었다. 대신 RRB는 '붉은정령들'이라는 이름으로 3월 29일 은평1.5도씨위원회* 출범 퍼포먼스에 (마스크를 착용하고, 2m 물리적 거리를 두며) 함께했다. 벚꽃이 흐드러지게 핀 불광천에서, 붉은정령들은 침묵으로 걸으며 기후 위기를 알렸다.

신발을 벗었다.
양말만 신은 발과 맞닿은 대지의 감촉이 더 가깝게 느껴졌다.
햇살이 이마로 내린다.
마스크로 가린 얼굴에 빼꼼이 나온 이마가 태양과 가장 뜨겁게 만난다.

"뭐 하는 거여?"
"지구가 불타고 있다는 걸 알리는 거예요."
"그렇지, 나도 공감해. 우리가 지구를 너무 괴롭혔지."

"이슬람이야? 빨갱이야? 뭐 하는 거야. 어디서 나온 거야?"

---

* 은평1.5도씨위원회는 기후 위기를 지역 차원에서 고민하고 함께 해결하는 서울시 은평구의 모임이다.

"우리가 봤던 데모 중 제일 멋지다."

고요히 걸으니, 침묵 사이로 사람들 저마다의 반응이
바람과 함께 흐른다, 불광천과 함께 흐른다.

코로나19는 기후 위기의 또 다른 장면,
지구가 인류에게 보내는 경고의 메시지.
지구별 생명들의 안녕을 기원하며,
우리는 기도하는 마음으로 이리 걸었다.

- 은평1.5도씨위원회 출범 퍼포먼스를 함께 한 후

최근 몇 개월은 기후 위기라는 비상 상황에서, '할 수 있는 뭐라도 해 보자'고 흐름에 적극적으로 나를 내맡기고 있다. 소극적 관심만 있었던 기후 위기 문제에 직접행동을 하게 된 것은 역시나 볍씨 청소년들과 참여했던 2019년 9월 27일의 청소년 기후행동 집회의 경험 때문이다. 이 자리에서 대기과학자 조천호 님이 "우리에게 남은 시간이 별로 없다"며, "광범위하고 심각한 위험을 막아 내기 위해서는 지구 평균 기온 상승을 산업화 이전보다 1.5℃가 넘지 않게 해야 한다"고 하셨다. 이미 1℃가량 올랐기 때문에 우리에게는 0.5℃가 남았으며, 그렇게 되기까지 8년 남짓한 시간밖에 남지 않았다. 이 얘기를 듣고 있던 볍씨 청소년 과정

ⓒ 붉은정령들

Red Rebel Brigade는 '붉은정령들'이라는 이름으로,
2020년 3월 29일 불광천에서
은평1.5도씨위원회 출범 퍼포먼스에 함께했다.

한 친구가 말했다. "그러면 10년 안에 나 죽어야겠네."

그 순간 마음이 먹먹해졌다. 볍씨 구성원들은 '생명이 소중한 세상, 생명이 자유로운 세상'을 만들기 위해 애쓰며 살아왔고, 볍씨 아이들은 일도 잘하고, 살림 기술도 있고, 공동체 안에서 갈등을 풀어 나가는 방법을 어릴 때부터 경험하며, 주도적으로 자기 삶을 꾸려 나가는 것을 일상을 통해 훈련한다. 이 과정을 통해 스스로를 살리고, 주변을 살리고, 지구를 살리는 사람으로 커 가기를 우리는 기대한다. 그런데 아무리 아이들을 그렇게 키운다고 해도 세상이 망해 가는데, 우리의 존재 기반인 지구가 지속 가능하지 않은데 그 위에서 아이들이 어떤 꿈을 꿀 수 있을까, 어떤 희망을 발견할 수 있을까. 교사로서 너무 부끄러웠다. 더 이상은 두렵다는 이유로, 잘 모른다는 핑계로 뒤로 빠져 있으면 안 되겠다고 생각했다. 아이들에게 "애써 보자"고 얘기하듯이, 나 또한 두려움을 넘어 나아가야 했다. 아직 살아갈 날이 훨씬 많이 남은 오늘의 아이들이 자신의 삶을 존엄하게 살아갈 수 있게, 오늘의 어른인 나부터 행동해야 했다. 볍씨 교사를 넘어 우리들의 존재 터전인 지구에서 살아가는 다른 생명들을 위해 발언하고 행동해야 했다.

2019년 9월 27일 청소년 기후행동.
대기과학자 조천호 님은
우리에게 남은 시간이 별로 없다고 말씀하셨다.

볍씨와 함께하게 되기까지

볍씨학교에는 2019년 3월부터 함께했다. 볍씨에 오기 전에는 지리산에서 5년을 살았다. 사람들은 어떻게 지리산에 가게 되었냐고 나에게 종종 묻곤 했는데, 나는 "살고 싶어서 동아줄을 붙잡았다"고 표현하곤 했다. 그 동아줄은 몸과 마음이 지쳐 죽을 것만 같을 때 알게 된 지리산 자락의 생명평화대학이었다. 그 전엔 대전과 필리핀을 오가며 지냈다. 공정여행 코디네이터로 일하며 '우리의 여행이 공정한가'를 질문했지만, '우리의 관계는 공정하지 않고, 우리의 삶은 지속 가능하지 않다'는 문제의식이 많았다. 밥은 대충 컵라면과 삼각김밥으로 때우거나 외식을 하고, 아침부터 밤까지 사무실에 앉아 컴퓨터 작업을 했다. 젊은 나이에 너무 많은 책임감을 어깨에 짊어진 대표는 스트레스를 우리에게 풀었다. '충분히 쓸모 있지 않은' 스스로에 대한 자책과 우울감이 나를 뒤덮었다.

말로만 하지 말고, 내 삶으로 살아 보자 싶었다. 생명평화대학은 내가 꿈꾸던 '머리와 가슴, 손과 발의 조화'를 이룰 수 있는 곳이라 생각했다. 나는 안전한 공동체 품 안에서 좌충우돌하며 나를 회복하는 시간을 보냈다. 지리산에서 지내면서, 수백 년 동안 이어져 온 계단식 논을 자랑스레 소개하며 "나의 어머니의 어머니, 어머니의 어머니로부터 물려져 온 땅이다"라고 우리에게 알

지리산에서 머물며 안전한 공동체 품 안에서
좌충우돌하며 나를 회복하는 시간을 보냈다.

려 주던 필리핀 이푸가오 지역의 마리아 할머니가 이따금 떠올랐다. 토종벼 농사를 마을 사람들과 같이 지었고, 계곡에 뛰어들어 놀았고, 이른 봄 어린 쑥을 뜯어 쑥차를 만들었고, 감을 따서 곶감을 만들며 자연의 순리대로 살았다. 늘 자연과 사람과 단절된 방식으로 살아왔던 내가 지리산 품 안에서 나를 살리고, 주변을 살리고, 지구를 살리는 '살림이스트'*의 삶에 관심을 갖게 되었다.

1년 정도 지내 보고 몸과 마음이 회복되면 다시 도시로 나가야지 싶었던 지리산살이가 새로 만나게 된 관계 속에서 나도 예상하지 못한 방향으로 펼쳐졌다. 생명평화대학에 에스페란토 수업을 들으러 오는 친구들 두 명과 작당하여 '작은자유'라는 모임을 만들고, 기본소득을 공부하고, '살래청춘식당 마지'라는 작은 커뮤니티 밥집을 열게 되었다. 자발적으로 주도적으로 진행했던 프로젝트들이 어느새 옴짝달싹하지 못하게 버거워질 때쯤 자전거 사고가 났다. 자의 반 타의 반으로 마지를 그만두었고, 몇 개월간 깊은 우울로 침잠했다. 그 이후로는 일을 힘들게 하고 싶지 않았다. '대한민국은 어딜 가든 일중독 사회야' 비판하는 마음이 들었고, 공동체 안에서 애쓰는 이들이 감사했지만 '나는 저렇게

---

* 우리말의 '살림'과 영어의 '-ist'가 합성된, 신학자 현경 님이 만든 신조어. 여기서 '살림'은 '모든 것을 살린다'라는 뜻으로 자신을 살리고 타인을 살리고 지구를 살리는 힘이다.

지리산에서 살림이스트의 삶을
처음으로 꿈꾸게 되었다.

살고 싶지 않다' 생각했다. 인드라망 공동체 안에서 활동가의 정체성을 가지고 있었지만, 늘 적당히 거리를 두고 지내며 하고 싶은 일만 했다.

하고 싶은 일 중 하나는 교육공동체 안에서 청소년들을 만나는 것이었다. 2018년 하반기, 중·고등 대안학교인 실상사 작은학교에서 '기본소득'과 '문화인류학'을 주제로 두 개의 수업을 하게 되었다. 나도 즐거웠고 아이들의 반응도 좋았다. 나는 서클의 방식으로 수업을 진행했는데, 수업이 시작할 때는 지금 몸과 마음의 상태가 어떤지 체크인을 통해 확인하는 시간을 가졌고, 띵샤 소리에 맞춰 잠시 숨을 고르는 시간도 가졌다. 수업은 주로 책을 읽으며 밑줄 친 인상 깊은 부분을 낭송하고, 미리 내 준 질문에 대해 생각해 오거나 글 써 온 것을 나누는 방식이었다. 실은 수업은 하나의 매개였고, 5년이나 가까이 살았는데 서먹서먹한 작은학교 친구들과 좀 친해지고 싶은 마음이 더 컸다. 일주일 중에 작은학교 수업을 하러 가는 시간이 제일 기다려질 정도로 좋았지만, 결과적으로 청소년들을 깊게 만나지 못했고 적당히 좋은 관계만 유지했다. 그때의 나는 관계에서는 아름다운 거리가 필요하다고 말했지만, 실제로는 상처받고 싶지 않은 자아를 보호하고 있었다.

하고 싶은 활동 위주로 일상을 구성해서 지내니 여유는 확보할 수 있었지만, 심심했다. '삶의 활력이 무엇인지' 사람들에게 묻기 시작했고, 실상사에 놀러 온 제주도에 사는 부부와 우연히 친구가 되었다. 2018년 겨울, 한 달의 재충전 시간 동안 제주도에 다녀오기로 했다. 2018년 12월 26일 제주에 도착했고, 도착한 날 밤 볍씨학교 제주학사에서 2년의 시간을 보내 온 친구들을 만났다.*

같이 108배를 하고 난 뒤, 볍씨 청소년들이 한 학기를 마무리하며 자신의 성장을 진솔하고 담담하게 고백하는 순간을 목격했다. 그들은 낯선 사람인 나의 존재에도 흔들림 없이 그 순간을 살고 있었고, 나눔은 자정이 넘어서까지 이어졌다.

제주에서의 생활비를 벌기 위해 다른 일감을 소개받아 하면서도, 볍씨 제주학사 아이들이 계속 떠올랐다. 프리랜서로 일을 한다는 건 한편으론 시간과 일감을 자유롭게 선택해서 할 수 있다는 의미지만 그 반대로 때를 가리지 않고 일을 해야 함을 뜻하기도 했다. 기본 생계가 보장되지 않으니 불안했고, 공동체의 안전망이 없으니 일감을 주는 이와의 관계에서 청년이자 여성인 나는 위축되었다. 제안받는 여러 선택지 속에서 마음이 이랬다 저랬다 하루에도 몇 번씩 바뀌었다. 나조차 내가 무엇을 원하는

---

* 볍씨학교는 초·중등 대안학교이다. 볍씨 아이들은 1~8학년을 경기 광명의 본교에서 보내고, 9학년이 되는 해를 제주에서 보낸다. 내가 만난 아이들은 9학년 졸업 이후 1년을 더 볍씨 제주학사에서 보낸 친구들이었다.

지 헷갈리는 시간들이었다. 그러던 중에 볍씨에서 10년 동안 일한 선생님을 내가 지내고 있는 공간에 초대해서 같이 밥을 먹으며 이야기를 나누게 되었다. 그이는 자신이 성장하는 데 볍씨학교 교사공동체의 힘이 컸다고 말했다. 내 모습을 돌아보았다. 성인이 된 이후, 늘 의미 있는 활동을 하며 애써 보다가도 종종 외로움과 우울감에 휩싸였다. 문제가 생기면 그것을 끈질기게 씨름해서 풀기보다는 무너지거나 도망치는 쪽을 택했다. 상처받는 것이 두려워 나를 있는 그대로 드러내지 못했고, 적당히 좋은 관계를 맺어 왔다. 이런 내가, 관계 속에서 나 자신을 직면하며 함께 성장해 갈 수 있을까? 내가 매번 걸려 넘어지는 이 지점을 넘지 못하면, 이 세상 어디를 간다 해도 행복할 수 없을 것 같았다. 볍씨를 선택하는 것이, 지금 나에게 무엇보다 필요한 도전이자 선물이라는 직관이 강렬하게 느껴졌다.

"볍씨와 함께하고 싶어요."

마침 광명 볍씨학교에서 교사를 모집한다고 했다. 육지로 나오는 일정에 맞춰 볍씨 교사 전원이 둘러앉은 자리에서 면접을 보았고, 볍씨 교사로 함께하게 되었다. 지리산 식구들은 힘든 일을 싫어하고 무언가에 얽매이고 싶어 하지 않는 내가 오히려 더 '빡센' 볍씨를 선택해서 일하게 되었다는 소식에 신기해하면서도 축하해 주었다. 나를 5년간 품어 준, 내 삶의 전환을 가능하게 한 지리산 식구들에게 감사한 마음으로 인사를 하고, 지리산살이를 정리했다. 3월 3일, 광명으로 이사를 하고, 3월 4일부터 출근을 해서 이제 1년 남짓한 시간을 볍씨에서 보냈다.

나를 살리고, 서로를 살리고, 지구를 살리는 볍씨

"이 빈 그릇에 생명을 담았습니다." 하루 중 내가 제일 좋아하는 시간, 밥을 먹기 전 식묵상 하는 시간에는 시끌벅적하던 아이들도 잠시나마 침묵으로 초대되고 사뭇 경건해진다. 밥 한 공기 앞에 앉으면 봄부터 늦은 가을까지 나를 먹여 살리기 위해 수고한 많은 존재들이 떠오른다. 햇살, 비, 바람, 흙, 물, 곤충들, 사람들, 그리고 기계의 도움까지도. 제때 밥을 못 먹으면 몸에 기운이 빠지고 짜증이 스멀스멀 올라오는 나는, 가히 밥심으로 살아간다고 말할 수 있다. 내가 세상과의 연결성을 자각하는 것도 밥을 통해서다. 밥을 먹는 행위는 그야말로 온 생명을 내 안에 모시는 것이니 어쩌면 하루 일상 중 가장 신성한 순간일지도 모르겠다. 그런 '밥 먹기(볍씨에서는 '생명모심'이라 한다)'가 중심에 있는 곳이 볍씨라서 좋다. 청소년기에는 더 고상한 무엇인가를 추구하는 나를 위해 누군가 대신해 주는 것을 당연한 것으로 치부했던, 그러나 뒤늦게 나를 살리고 공동체를 살리고 지구를 살리는 행위라는 것을 알게 된 '살림'이 튼튼한 일상의 토대가 되는 곳이 볍씨라서 좋다. 볍씨 아이들은 초등 1학년 때부터 친구들과 같이 먹을 밥 양을 가늠해서 밥을 짓고, 친구들과 같이 마실 물을 길어 와서 끓이고, 함께 사용하는 공간 곳곳을 쓸고 닦는다. 부지런히 몸을 움직여서 자연을 만나고, 농사를 짓고, 일을 한다. 스스로 할 줄 아는 것들이 하나둘씩 생길 때마다 삶에 대한 자신감도 조금씩 쌓여 간다.

볍씨에서는, 자신의 생각과 감정을 나누는 것을 끊임없이 훈련하고, 서로의 삶에 깊이 개입한다. "○○이는 너무 뒤로 빠져 있어요. 근데 ○○이의 성장 목표는 뒤로 빠지지 않기예요. 그래서 이 경험이 필요한 것 같아요"라고 서로에 대해 솔직하게 얘기해 주는 것이 종종 보인다. 갈등이 생기면 둘러앉기를 하는데, 둘러앉아 내 마음이 어땠는지 얘기를 하다 보면 속상했던 마음이 절로 풀어지기도 한다.

"볍씨에서는 마음을 많이 이야기해요. 안 그러면 마음이 새까매져요."

볍씨가 좋은 점이 뭐냐는 질문에 2학년 아이는 이렇게 말했다고.

볍씨에서는 나 혼자 아등바등 애쓰는 게 아니라, 다른 선생님들과 같이 갈 수가 있어 좋다. 볍씨에서는 방학을 하자마자 일주일 동안 교사연수를 하는데, 이때 교육과정에 대한 평가와 계획뿐만 아니라, 교사 한 사람 한 사람이 제대로 성장해 가고 있는

2019년 2학기 때 아이들과 자전거 프로젝트 수업을 했다. 이전에 집 앞에서만 자전거를 탔었다는 한 친구는 이날 광명에서 한강 합류부까지 왕복 3시간이 넘게 걸리는 거리를 씩씩하게 자전거를 함께 타고 갔다. 아이들도 나도 행복한 시간이었다.

지 깊게 이야기를 나눈다. 나는 지금까지 두 번의 진한 교사연수와 그 이후의 과정을 거치며, 나라는 사람이 일과 관계에서 어떤 패턴을 보이는지, 늘상 걸려 넘어지는 지점이 무엇인지 탐구해 갈 수 있었다. 나는 인정과 성취가 중요한 사람이고, 사회적으로 의미 있는 일을 하는 것이 중요하며, 때때로 일을 효율적으로 하는 데 성가시다는 이유로 감정을 차단한다. 못하는 것을 들키고 싶지 않아 관심 없는 척하기도 하고, 관계에서 사람들이 나의 진짜 모습을 알고 실망할까 봐 늘 적당한 거리를 둔다. 나는 생각보다 내 마음을 명확히 읽어 내지 못하는데, 내 마음을 제대로 보지 못하니 다른 사람들의 마음도 잘 헤아리기가 어려웠다. 자꾸 적당한 거리를 두고 관찰자적인 시선으로 보려고 하고 나를 훅 내던지지 않으려는 모습은 몇 차례 교사회에서 이야기가 되었는데, 2019년 8월 말 일주일간 제주학사에 있을 때도 지금 나에게 필요한 것은 '훅 뛰어들기'라는 것을 확인했다. 제주학사의 이영이 선생님은 우리가 인간적 한계를 가지고 있지만 그럼에도 불구하고 내 문제에 골몰하는 것에 갇히지 않고 그 너머로 나아가는 것이 필요하다고, 그것이 교사가 해야 할 일이라고 말씀해 주셨다. 교사는 아이들이 변화해 가는 모습을 목격하는 증인이라고 하시면서.

처음엔 내가 생각하는 멋있는 삶을 이미 살고 있는 제주학사 친구들에게 반해 볍씨와 함께하고 싶었다. 볍씨에 들어와 보니,

그들의 반짝임은 광명과 제주에서의 치열한 하루하루가 10년 동안 켜켜이 쌓여 만들어진 것이었다. 지금 내 앞에 있는 일상 속에서 만나는 이들을 부단히 사랑하려 애쓰며 뚜벅뚜벅 같이 걷다 보면, 어느새 바라던 삶을 이미 살고 있는 우리의 모습이 있을 거라는 걸, 이제는 안다.

지난 1년 동안 나는 볍씨에서 아이들과 산을 타고, 자전거를 타고, 텃밭 농사를 짓고, 밥을 지었다. 마음껏 뛰어놀았고, 우리가 사는 동네를 탐험했고, 쓰레기가 넘쳐나는 지구에 대해서 공부하고, 우리가 원하는 놀이 기구를 직접 만들고, 기후행동을 함께 했다.

그렇게 볍씨라는 공동체에서 교사로 함께하는 요즘,

나는 덜 불안하고, 더 행복하다.

2020년, 볍씨에서 일상의 근육을 키우고 지구를 위해 행동하기

새해를 시작하며 볍씨 교사들은 저마다 올해 애써 볼 성장 목표를 잡았다. 나는 '사람을 듣기'와 '야생성 키우기'를 올해 내 성장 목표로 정했다. 일이 효율적으로 진행되는 것을 추구하고, '내가 옳다'는 오만함이 내 안에 있기 때문에 사람을 듣는다는 것이 쉽지 않다. 잠시 멈추어 존재에 주목하고 그이의 얘기를 온전히

나를 살리고, 타인을 살리고,
지구를 살리는 힘이 있는 '살림이스트'로 살고 싶다.

들어 보는 순간들을 내 일상에 의도적으로 초대할 테다. 야생성 키우기는 몸을 움직여 일하는 걸 두려워하지 않기, 실패를 두려워하지 않고 도전하기, 자연과 가까워지기를 통해 가능할 테다. 아이들과 땀 흘려 농사를 짓고 제철 채소로 정성껏 요리를 해서 맛있게 나눠 먹으며 밥심으로 일상을 튼튼하게 살아가야지. 기후행동을 볍씨 식구들과 열심히 하고 싶으니, '그레타 툰베리와 함께하는 볍씨' 소모임을 꾸려 볼까? 꿈꾸는 것들을 해 볼 수 있는 곳, 끊임없이 자신을 성찰하며 아이들과 함께 성장해 가려고 애쓰는 곳, 볍씨학교는 나의 일터이자 삶터이자 놀터이다.

교육공동체 벗

교육공동체 벗은 협동조합을 모델로 하는 작은 지식공동체입니다.
협동조합은 공통의 목적을 가진 사람들이 모여서 만든
권력과 자본으로부터 독립된 경제조직입니다.
교육공동체 벗의 모든 사업은 조합원들이 내는 출자금과 조합비로 운영됩니다.
수익을 목적으로 하지 않기에 이윤을 좇기보다
조합원들의 삶과 성장에 필요한 일들과
교육운동에 보탬이 될 수 있는 사업들을 먼저 생각합니다.
정론직필의 교육전문지, 시류에 휩쓸리지 않는 정직한 책들,
함께 배우고 나누며 성장하는 배움 공간 등
우리 교육 현실에 필요한 것들을 우리 힘으로 만들고 함께 나누고 있습니다.

조합원 참여 안내

출자금(1구좌 일반 : 2만 원, 터잡기 : 50만 원)을 낸 후 조합비(월 1만 5천 원 이상)를 약정해 주시면 됩니다. 조합원으로 참여하시면 교육공동체 벗에서 내는 격월간 교육전문지 《오늘의 교육》과 조합통신을 받아 보실 수 있습니다. 출자금은 종잣돈으로 가입할 때 한 번만 내시면 됩니다. 조합을 탈퇴하거나 조합 해산 시 정관에 따라 반환합니다. 터잡기 조합원은 벗의 터전을 함께 다지는 데 의미와 보람을 두며 권리와 의무에서 일반 조합원과 차이는 없습니다. 아래 홈페이지나 카페에서 조합 가입 신청서를 내려받아 작성하신 후 메일이나 팩스로 보내 주세요.

홈페이지 communebut.com
카페 cafe.daum.net/communebut
이메일 communebut@hanmail.net
전화 02-332-0712
팩스 0505-115-0712

교육공동체 벗을 만드는 사람들

※ 하파타순

후쿠시마 미노리, 황지영, 황정일, 황정인, 황정원, 황정욱, 황이경, 황윤호성, 황순임, 황봉희, 황기철, 황규선, 황고운, 홍정인, 홍유지, 홍용덕, 홍순성, 홍세화, 홍성은, 홍성구, 홍석근, 홍미영, 현복실, 현미열, 허효인, 허성균, 허보영, 허기영, 허광영, 함점순, 함영기, 한학밀, 한지혜, 한정혜, 한은옥, 한영옥, 한영선, 한소영, 한성찬, 한봉순, 한민혁, 한만중, 한날, 한경희, 하인호, 하승우, 하승수, 하순배, 하광봉, 탁동철, 최희성, 최현숙, 최현미, 최진규, 최주연, 최정음, 최정아, 최은희, 최은정, 최은숙a, 최은숙b, 최은미, 최은경, 최윤미, 최원혜, 최영식, 최연희, 최연정, 최애영, 최승훈, 최승복, 최슬빈, 최선영a, 최선영b, 최선경, 최봉선, 최보라, 최병우, 최미영, 최미선, 최류민, 최류미, 최대현, 최기호, 최광용, 최경미, 최경련, 채효정, 채종민, 채윤, 채욱업, 차종숙, 차용훈, 진현, 진주형, 진웅용, 진영효, 진영준, 진냥, 지정순, 지수연, 주윤아, 주순영, 주수원, 조희정, 조형석, 조현민, 조향미, 조해수, 조진희, 조지연, 조준혁, 조주원, 조정희, 조용원, 조은정, 조윤성, 조원배, 조용진, 故조영희(명예조합원), 조영현, 조영오, 조영실, 조영선, 조여은, 조여경, 조수진, 조성희, 조성실, 조성대a, 조성대b, 조석현, 조석영, 조상희, 조문경, 조두형, 조남규, 조경애, 조경아, 조경삼, 제남모, 정희영, 정희선, 정흥윤, 정혜령, 정현진, 정현주, 정현숙, 정혜레나, 정태희, 정춘수, 정철성, 정진영a, 정진영b, 정진규, 정종현, 정종민, 성재학, 정유나, 정이든, 정은희, 정은주, 정은균, 정운기, 정유근, 정유숙, 정원석, 정용주, 정예슬, 정영현, 정영수, 정애순, 정수연, 정선영, 정보라a, 정보라b, 정미숙a, 정미숙b, 정명옥, 정명영, 정득년, 정남주, 정광호, 정광필, 정광일, 정관모, 정경원, 전혜원a, 전혜원b, 전정희, 전유미, 전병기, 전미기, 전미영, 전난희, 장흥월, 장현주, 장진우, 장인화, 장인수, 장은하, 장은미, 장윤영, 장윤영, 장시준, 장슬기, 장상욱, 장병훈, 장병학, 장근영, 장군, 장경훈, 임鹹정, 임향신, 임ान철, 임지영, 임중혁, 임종길, 임정은, 임전수, 임수진, 임성준, 임성빈, 임성무, 임선영, 임상진, 임동현, 임덕연, 이희옥, 이희연, 이효진, 이화현, 이호진, 이혜정, 이혜린, 이현, 이혁규, 이향숙, 이한진, 이태영a, 이태영b, 이태구, 이충근, 이초록, 이진혜, 이진우, 이진숙, 이지혜a, 이지혜b, 이지현, 이지향, 이지영, 이지연, 이중석, 이준구, 이주희, 이주탁, 이주영, 이종찬, 이종은, 이정희a, 이정희b, 이재형, 이재익, 이재영, 이재두, 이인사, 이은희a, 이은희b, 이은향, 이은진, 이은주, 이은영, 이은숙, 이윤정, 이윤업, 이윤선, 이윤미, 이윤경, 이유진a, 이유진b, 이월녀, 이원님, 이우진, 이용화, 이용석a, 이용석b, 이용기, 이영화, 이영훈, 이영주, 이영아, 이영상, 이연진, 이연주, 이연숙, 이연수, 이승헌, 이승태, 이승연, 이승아, 이슬기a, 이슬기b, 이순임, 이수정a, 이수정b, 이수연, 이수미, 이수경, 이소령, 이성원, 이성숙, 이성수, 이설희, 이선표, 이선영, 이선애a, 이선애b, 이선미, 이상훈, 이상화, 이상영, 이상원, 이산근, 이초록, 이병곤, 이범희, 이민아, 이미옥, 이미연, 이미숙, 이미라, 이문영, 이명훈, 이명형, 이매나, 이동철, 이동준, 이동갑, 이도훈, 이덕주, 이남숙, 이난영, 이나경, 이기규, 이근희, 이근철, 이근영, 이균호, 이광연, 이계삼, 이경은, 이경욱, 이경언, 이경림, 이건진, 윤호흥, 윤지형, 윤종원, 윤우람, 윤영훈, 윤영백, 윤여강, 윤상액, 윤병일, 윤규식, 유효상, 유재율, 유은아, 유영길, 유성희, 유성상, 위양자, 원지영, 원윤희, 원성제, 우창숙, 우지영, 우완, 우영재, 우승인, 우수경, 오혜원, 오중근, 오정오, 오은정, 오은경, 오유진, 오승준, 오우민, 오세희, 오세란, 오민식, 오명환, 오동석, 영정신, 여희영, 여태전, 엄창호, 엄지선, 엄재홍, 엄영숙, 엄기호, 양희선, 양해준, 양지선, 양은주, 양은숙, 양현례, 양현진, 양은희, 양명신, 양서영, 양상진, 안효민, 故안혜영(명예조합원), 안찬원, 안지현, 안지욱, 안지영, 안준철, 안정선, 안용덕, 안옥수, 안영신, 안영빈, 안순억, 심항일, 심은보, 심승희, 심수환, 심동우, 심경일, 신혜선, 신혜경, 신충일, 신창호, 신창복, 신중화, 신은정, 신은경, 신유준, 신소희, 신미숙, 신관숙, 신정아, 신용영, 송혜란, 송현주, 송진영, 송인혜, 송은주, 송승준, 송승효, 송명숙, 송근희, 손호만, 손현아, 손진근, 손은경, 손성연, 손민정, 손미숙, 소수영, 성현주, 성현석, 성유진, 성용혜, 성열관, 성나래, 설은주, 설원민, 선화성, 선미라, 석옥자, 석정은, 서해진, 서지연, 서정오, 서인선, 서은지, 서융수, 서우철, 서예원, 서명숙, 서금자, 서강선, 상형규, 복준수, 변현숙, 백현희, 백인식, 백승범, 배희철, 배효숙, 배주현, 배정현, 배정원, 배일훈, 배이상현, 배영건, 배아영, 배경내, 방등일, 방경내, 반영진, 박희진, 박희영, 박효정, 박효수, 박환조, 박혜숙, 박형진, 박형일, 박현희, 박현주, 박현숙, 박현석, 박춘애, 박춘배, 박철호, 박진환, 박진수, 박진교, 박지희, 박지흥, 박지혜, 박지민, 박지영, 박지원, 박정미, 박정아, 박은아, 박은경a, 박은경b, 박옥주, 박옥균, 박영실, 박신자, 박승철, 박숙현, 박수진, 박소현, 박소영, 박세영a, 박세영b, 박성규, 박선혜, 박선영, 박복선, 박미희, 박명진, 박명숙, 박동혁, 박도정, 박덕수, 박대성, 박노혜, 박내현, 바나실, 박고형준, 박계도, 박경화, 박경신, 박경수, 박경이, 박권진, 민은식, 민의애, 민병상, 故문홍빈(명예조합원), 문지훈, 문용식, 문영주, 문순옥, 문수현, 문수영, 문수경, 문세이, 문성철, 문봉선, 문미경, 문경희, 모은정, 마승희, 류형우, 류창모, 류지남, 류정희, 류재향, 류우종, 류영애, 류명숙, 류경원, 도정철, 도방주, 데와 타카유키, 노영필, 노상경, 노미경, 노경미, 남효숙, 남주영, 남정민, 남윤희, 남유경, 남엽희, 남예린, 남미자, 남동현, 남명, 나주철, 김희정, 김희숙, 김홍규, 김한태, 김효순, 김환희, 김홍구, 김혜영, 김혜순, 김혜림, 김형렬, 김현진a, 김현진b, 김현주a, 김현주b, 김현영, 김현실, 김현경, 김현, 김현택, 김필임, 김태훈, 김춘성, 김천영, 김창진, 김찬영, 김진희, 김진숙, 김진명, 김진, 김지훈, 김지연a, 김지연b, 김지미, 김지향, 김중미, 김준희, 김준화, 김종현, 김종진, 김주립, 김종숙, 김종숭, 김종만, 김정희, 김정주, 김정식, 김정삼, 김정기, 김재황, 김재민, 김인숙, 김이은, 김이민경, 김은희, 김은표, 김은영a, 김은영b, 김은아, 김은식, 김은숙, 김은남, 김윤주a, 김윤주b, 김윤주c, 김윤자, 김윤우, 김원석, 김우영, 김우, 김용훈, 김용양, 김용섭, 김용만, 김요한, 김준회, 김영주, 김영주a, 김영주b, 김영순, 김영삼, 김연정, 김연일, 김연오, 김연미, 김애숙, 김애령, 김승규, 김순천, 김수현, 김수진a, 김수진b, 김수정a, 김수정b, 김수경, 김소희, 김소영, 김세호, 김성진, 김성숙, 김성보, 김설아, 김선희, 김선우, 김선산, 김선미, 김선구, 김석준, 김석규, 김상희, 김상영, 김상숙, 김무영, 김묘선, 김명희, 김명섭, 김동현, 김동춘, 김동일, 김도연, 김결, 김미향a, 김미향b, 김미진, 김미숙, 김미선, 김무영, 김묘선, 김명희, 김명섭, 김동현, 김동춘, 김동일, 김도연, 김도석, 김다희, 김다영, 김남칠, 김나혜, 김기웅, 김기오, 김기언, 김규태, 김관민, 김고종호, 김정호, 김경일, 김경엽, 김경숙a, 김경숙b, 김가연, 기세라, 금현조, 금현숙, 금현옥, 권희중, 권혜영, 권태윤, 권자영, 국찬석, 구희숙, 구자혜, 구자숙, 구완회, 구수연, 구본희, 구미숙, 팽이눈, 팡훈, 곽혜영, 곽현주, 곽진경, 곽노해, 곽노근, 공현, 공영아, 고춘식, 고진선, 고은정, 고은미, 고윤정, 고유준, 고영주, 고병권, 고병연, 고민경, 강현주, 강현정, 강현이, 강한아, 강태식, 강진영, 강준희, 강인성, 강이진, 강은정, 강영일, 강영구, 강순원, 상수미, 강수돌, 강성규, 강석도, 강서형, 강병용, 강경모

※ 2020년 5월 7일 기준 827명